21世纪普通高等院校系列规划教材

企业战略管理

中小企业案例集

Qiye Zhanlüe Guanli
Zhongxiao Qiye Anliji

杨波 编著

U0952896

西南财经大学出版社

图书在版编目(CIP)数据

企业战略管理中小企业案例集/杨波编著.—成都:西南财经大学出版社,2014.1
ISBN 978-7-5504-1323-8

Ⅰ.①企… Ⅱ.①杨… Ⅲ.①中小企业—企业管理—案例
Ⅳ.①F276.3

中国版本图书馆 CIP 数据核字(2013)第 320908 号

企业战略管理中小企业案例集
杨 波 编著

责任编辑:李特军
助理编辑:李晓嵩
封面设计:杨红鹰
责任印制:封俊川

出版发行	西南财经大学出版社(四川省成都市光华村街 55 号)
网　　址	http://www.bookcj.com
电子邮件	bookcj@foxmail.com
邮政编码	610074
电　　话	028-87353785　87352368
照　　排	四川胜翔数码印务设计有限公司
印　　刷	郫县犀浦印刷厂
成品尺寸	148mm×210mm
印　　张	5.5
字　　数	140 千字
版　　次	2014 年 1 月第 1 版
印　　次	2014 年 1 月第 1 次印刷
印　　数	1—2000 册
书　　号	ISBN 978-7-5504-1323-8
定　　价	15.00 元

1. 版权所有,翻印必究。
2. 如有印刷、装订等差错,可向本社营销部调换。
3. 本书封底无本社数码防伪标志,不得销售。

案例教学的本土化探索

企业战略管理是管理类专业的一门核心课程，对于本科生而言，学生由于缺乏对企业以及企业管理、业务运行的感性认知，对企业战略就更缺乏认识。而这一问题在管理类课程中具有相当的代表性，如何解决这个问题成了我们长期思考的一个重要课题。

作为管理类课程最重要的教学方案，案例教学已经在我们的课堂中得到了广泛运用。哈佛大学商学院的案例教学法在工商管理专业中发挥了巨大的作用，北京大学工商管理案例中心在中国本土案例采集方面做了很多工作。我们使用的案例多数都来自于二手资料，虽然资料权威，编写规范，但无奈离教师、学生都太远，这导致管理类课程的教学开展总有隔靴搔痒之感，教师雾里看花，学生似懂非懂。我们的教学急需“教师研究、学生熟悉”的本土化案例。

宜宾学院经管学院办学历史不长，经过艰苦的建设，现在师资的学历结构在省内同类高校中居于领先地位，但同时也面临着教师实践经验不足的问题。为此，学院组织老师对这一关键问题进行专门研究，先后申报成功了校级教改项目“工商管理案例教学中心教学模式创新研究”和省级教改项目“工商管理案例教学模式创新研究”等项目。工商管理综合案例教学中心首先具有案例采集、编写的职责。通过对工商管理案例的采集、编写，培养和锻炼教师、学生关注企业现状、思考企业发展、分析企业决策的习惯和能力。使得教师和学生时刻与企业紧密联系，提高教师理论联系实际的自觉性，增强教师对企业的感性认识。

通过案例教学中心的建设，可以加强案例教学在工商管理类专业（包括财务管理、旅游管理）以及工程管理中项目管理、房地产管理等课程的比重，提升教学质量。目前经管系的教师们在教学中经常使用案例教学，但案例教学的方式大多停留在以案例（而且多是现有大企业案例，离学生比较远）说明理论的层面。课程案例、分析型案例、方案型案例等形式则较少。通过案例教学中心的建设，可以加大这些案例的采集与使用，全面利用案例教学的效果。另外通过多层次的案例教学方式的推广，给老师以不断改进教学的压力和动力，促进教师教学主动性和积极性的提高。

案例中心的建设力图将案例采集、编写、教学与工商管理实验结合起来，形成一种新型的案例教学中心模式。

经过近 5 年的探索，我们在与企业充分接触的基础上，利用培训、咨询、会议、学生实习等各种机会与企业一起探讨发展问题，逐步编写了一批教学案例，本书在其中遴选了 11 个具有代表性的案例，集结成书。

本书是杨波负责的省级质量工程项目“企业战略管理精品开放课程”和宜宾学院校级质量工程项目“本土化案例库”的建设成果之一。在编写过程中，我的历届学生们做了大量艰苦的基础工作，得到了各企业、政府单位的大力支持，特此致谢。在编写过程中，做了大量的调查与访谈，我们尽量做到客观描述，但仍可能存在着一些不准确的观点、描述、评论，如有不当之处，请大家见谅并批评指正，我们将不断修改。

杨波

2013 年 8 月于松林坡

目录

案例一　宜宾市白酒产业发展战略分析报告

杨波　郑中华　李茂松　徐强　白如彬

一、白酒产业发展对宜宾的作用

2008 年，宜宾地区生产总值总量为 645.86 亿元，居四川省第 4 位，增速为 14.6%，居四川省第 4 位；规模以上工业增加值为 310.67 亿元，居四川省第 3 位；财政一般预算收入为 33.82 亿元，居四川省第 3 位。

当前，宜宾市规模以上酒类生产企业 24 家，实现销售收入 210 多亿元，利税近 50 亿元；全市有酒类批发企业 630 余户，零售店近万户；白酒行业从业人员近 4 万人。

五粮液集团的主导作用十分突出。历史的沉淀和不断的演进，以及改革开放以来五粮液集团的高速发展，造就了宜宾工业的奇迹。2007 年，五粮液集团增加值、销售收入、利税总额占全市规模以上工业的 44.41%、45.40%、56.26%；五粮液集团上缴各项税收 33.12 亿元，占全市税收总额的 49.38%。从利税总额看，2007 年五粮液集团利税总额为 51.25 亿元，相当于 10.9 个大天原或 46.2 个丝丽雅或 9 个宜宾县的利税总额；从增加值看，五粮液集团增加值为 102.48 亿元，相当于 5.9 个大天原或 14 个丝丽雅或 5.7 个宜宾县的增加值。由此可见，五粮液集团创造财富的能力及其变化对宜宾全市经济发展起着至关重要的作用。

（一）宜宾市白酒产业的发展在地区生产总值、利税方面的贡献

宜宾市白酒产业的发展在5年的时间内，也就是在2013年实现宜宾市白酒原酒产量35万吨（1吨=1 000千克，下同），规模以上酒类企业实现工业总产值750亿元，销售收入800亿元，利税总额130亿元，工业产值、销售收入、利税总额分别占全国白酒工业的25%、25%、20%，占四川省白酒工业的60%、55%、65%。这极大地增加了宜宾市的就业岗位，为宜宾城市建设的发展提供支撑。

（二）宜宾市白酒产业的发展对宜宾市城市建设中就业人口的影响

宜宾白酒产业的发展将增加大量的就业岗位，对宜宾市的百万人口城市建设提供直接支持。以下是宜宾市白酒产业的发展对白酒产业就业人数之间的关联关系分析。

1. 建立一元线性回归预测模型

设Y为宜宾白酒产业的从业人数，X为宜宾白酒产业的产值，则（Xi，Yi）（i=2004，2005，2006…）为一组样本观察值，直线方程y=a+bX称为估计一元线性方程或一元线性拟合模型，其图形为一元线性回归直线，a和b是回归系数，由方程$y_i = a + bXi$确定的y_i称为Yi的估计值。根据最小二乘法原理，参数a和b的确定是利用因变量的观察值Yi与估计值yi离差平方和为最小来确定，即利用等式

$$Q(a, b) = \sum (Yi - yi)^2 = \sum (Yi - a - bXi)^2$$

达到最小来确定a和b的值，Q（a，b）是参数a和b的函数，根据极值理论，求Q（a，b）

$$\begin{cases} \partial q/\partial a = 0 \\ \partial q/\partial b = 0 \end{cases}$$

整理得 $\partial q/\partial a = 0$

$$\begin{cases} b = \left(\sum XY - \frac{1}{n}\sum X \sum Y\right) / \left[\sum X^2 - \frac{1}{n}\left(\sum X\right)^2\right] \\ a = \overline{Y} - b\overline{X} \end{cases}$$

（$\overline{X}$，$\overline{Y}$ 为 X，Y 的平均值）。

表 1－1

年份	Xi（白酒产值）（亿元）	Yi（白酒从业人数）（百人）	Xi^2	Yi^2	Xi × Yi
2004	100.60	230.49	10 120.36	84 384.44	29 223.29
2005	108.41	321.14	11 752.73	103 130.90	34 824.79
2006	141.00	313.41	19 881.00	98 225.80	44 190.80
2007	178.29	325.05	31 781.98	105 657.50	57 953.17
2008	226.48	357.52	51 295.50	127 820.60	80 971.13

根据表 1－1 中数据资料可知：

$\sum Xi = 754.78$，$\sum Yi = 1\ 607.61$，$\sum Xi^2 = 124\ 727.21$

$\sum Yi^2 = 519\ 219.24$，$\sum Xi \times Yi = 247\ 153.18$。

由上式 $\begin{cases} b = \left(\sum XY - \frac{1}{n}\sum X \sum Y\right) / \left[\sum X^2 - \frac{1}{n}\left(\sum X\right)^2\right] \\ a = \overline{Y} - b\overline{X} \end{cases}$

（$\overline{X}$，$\overline{Y}$ 为 X，Y 的平均值）

可得 $\begin{cases} b = 0.415 \\ a = 258.87 \end{cases}$

所以，$y = 258.87 + 0.415X$

模型表明：宜宾市白酒产业的产值每增加 1 亿元，就会增加就业人员约 42 人。

2. 回归模型检验

对上述回归模型进行回归标准差检验如下：

$$Sy=\sqrt{\frac{\sum e^2}{n-2}}=\sqrt{\frac{\sum(Y-y)^2}{n-2}}$$

表 1－2

年份	X	Y（实际值）	y（估计值）	$(Y-y)^2$
2004	100.60	230.49	300.62	4 918.22
2005	108.41	321.14	303.86	298.60
2006	141.00	313.41	317.39	15.84
2007	178.29	325.05	332.86	61.00
2008	226.48	357.52	352.86	21.72

根据表 1－2 中数据分析可知：

$\sum(Y-y)^2=5\,315.38$，$n=5$

所以，$Sy=\sqrt{\frac{\sum e^2}{n-2}}=\sqrt{\frac{\sum(Y-y)^2}{n-2}}=42.09$

$Sy/\overline{Y}=12.91/321.52=0.130\,9<15\%$

即通过回归标准差检验说明以上回归模型的拟合性程度较好。

表 1－3　宜宾市白酒产业产值增长与从业人数增长的关系

项目＼年份	2006	2007	2008	2009	2010	2011	2012	2013
产量（吨）	17.33	14.39	16.42	18.88	21.715	24.973	28.719	33.26
产值（亿元）	141.00	178.29	222.86	287.56	365.206	463.811	589.04	748.08
从业人数（人）	31 341	32 505	35 752	37 821	41 043	45 135	50 332	56 932

根据宜宾市市委、市政府关于宜宾市白酒产业近期目标的要求，到 2013 年，白酒产业产量要达到 35 万吨，产值要实现

750 亿元。那么到 2013 年，宜宾市白酒产业新增白酒产值约为 750 - 179 = 571 亿元。

通过以上述回归模型计算可知，到 2013 年宜宾市将新增就业岗位 571 × 42 = 23 982 个，全市白酒行业从业人员近 7 万人，新增约 2.4 万个白酒就业岗位，这在宜宾的城市建设中有着非常重要的作用。2.4 万个就业岗位，如果按照现有的家庭就业率来看，每个家庭平均就业人数为 1.5 人，家庭平均人口为 3.5 人，2.4 万个就业岗位将新增城市人口约 5.8 万人，在宜宾的百万人口城市建设中预计将新增城市人口约 50 万人，白酒产业所吸纳的 5.8 万人已经占到整个新增人口的 11.7%，对宜宾的百万人口城市的建设起着非常重要的支撑作用。

（三）白酒产业发展对其他产业的拉动作用

表 1-4 白酒产业和相关产业在产值和从业人数上的关系表

项目	白酒产业	造纸及纸产品业		玻璃产业
年份	产量（万吨）	产值（亿元）	从业人数（人）	产值（亿元）
2006	17.33	12.0136	3 806	3.6524
2007	14.39	13.0207	3 999	4.9180
2008	16.29	19.6884	4 472	12.4794

通过表 1-4，我们可以清晰地看到，与白酒相关的物流、包装和玻璃等产业的发展趋势与白酒产业的产量有着很大的相关性，在 2006—2007 年，宜宾白酒产业产量出现下滑，与白酒相关的产业的增长都很缓慢，在 2007—2008 年宜宾白酒产量出现大幅增长，与白酒相关的这些产业的发展都很快。其中，玻璃及玻璃制品制造增长迅猛，其产值从 49 180 万元增长到124 794万元。

酒产业在宜宾经济地区生产总值中占据半壁江山，在利税方面更是起着举足轻重的作用。宜宾酒产业的迅速发展必将极大地促进宜宾经济和城市建设的发展。宜宾市政府从实际出发提出的宜宾酒产业的发展目标为到2013年宜宾市白酒原酒产量35万千升（1千升=1立方米，下同），规模以上酒类企业实现工业总产值750亿元，销售收入800亿元，利税总额130亿元，这也是宜宾市努力实现世界顶级白酒基地的近期目标。

假设宜宾白酒产业基地通过自己培育和招商引资建成，到2013年，宜宾白酒产量将达到预期的目标，白酒产量将增加约18万吨，总产量达到35万吨，新增产值531.5亿元，销售收入增加475.5亿，利税总额新增加67.4亿。

新增的18万吨酒根据现有的品牌就与原酒的比例关系，将有1/3的酒作为品牌酒进行销售，这些酒全部装进容积为500毫升的酒瓶中，将增加酒瓶需求量1.2亿个左右，酒包装纸箱1亿个，纸包装箱印刷1亿个。35万吨白酒的产量对物流的需求也会呈数倍趋势增长，这些需求将培育或抬升几个产业。另外还有大量的广告收入，宜宾白酒产业发展拉动和壮大其他相关的产业，提供大量的就业岗位，既稳定社会发展又增加工人收入，更重要的是增强宜宾经济的发展后劲。

此外，随着宜宾白酒产业的发展，新增加的2.4万个就业岗位，新涌进的城市人口约5.8万人，将对宜宾的服务业带来前所未有的发展机会，而服务业的发展又会带来大量的就业岗位，如此，服务业也将会有巨大的发展。

通过宜宾——中国白酒基地的打造，再结合宜宾特有的历史悠久的酒文化，使宜宾成为中国白酒文化中心，打造一个富有活力的宜宾白酒文化旅游产业将直接拉动宜宾第三产业的发展，也会促进宜宾酒产业的发展。

二、白酒行业外部环境分析

（一）政治—法律分析

1. 税收政策

2009年7月23日，国家税务总局公布《关于加强白酒消费税征收管理的通知》，自 2009 年 8 月 1 日起，对计税价格偏低的白酒核定消费税最低计税价格。这样明显是提高了白酒的消费税，对于白酒企业而言，实质降低了企业的利润。对于中小白酒企业而言，价格向来是企业营销的生存发展之道。如今，实行最低计税，税负加重，白酒企业不得不采取涨价政策，长此以往，无疑会损害中小白酒企业的发展。不过，从长远而言，对白酒行业而言，这其实应该是利好的政策。国家实行最低计税价格，实质是为了避免企业的关联买卖，实际上是规范了白酒行业的发展。

2. 食品安全法律法规

2009 年 2 月 28 日，第十一届全国人民代表大会常务委员会第七次会议通过《中华人民共和国食品安全法》，自 2009 年 6 月 1 日起实施。食品安全关系民生，政府一定要严加管制。对于白酒企业而言，大企业有强大的经济基础，有能力购买检测设备和处污设备。而中小企业本身就资金薄弱，如果还要求它们购买这些设备，无疑是雪上加霜。

3. 金融政策的调整

为了应对国际金融危机，中国人民银行按照党中央、国务院的统一部署，紧密围绕“保增长、扩内需、调结构”的主要任务，认真贯彻落实适度宽松的货币政策。坚持“区别对待，有保有压”的方针，继续加强对“三农”、中小企业、就业、助学、灾后重建、消费等改善民生类信贷的支持工作，加大对产业转移、自主创新、区域经济协调发展的融资支持。国家此举大大地改善了中小企业的融资环境，对处于融资难、资金薄弱的中小企业而言，实乃一大福利。

4. 政府对白酒产业的政策倾斜

白酒行业本身是属于限制性行业的，高税收就是为了限制白酒行业的发展，最低计价税就是如此。不过，白酒作为四川的重要产业，政府很关注白酒企业的发展，并积极扶持。2010

年9月27日，四川省政府发布《四川工业“7+3”产业发展规划》，白酒产业成为四川产业规划的重点。该规划提出，将着力打造中国白酒“金三角”，四川省将建设长江上游白酒制造基地，力争到2012年将四川白酒打造成为千亿产业。

另外，宜宾本地江安县政府实行县级主要领导联系重点酒类企业制度，帮助企业协调解决发展中的问题。县财政每年安排100万专项资金扶持酒类企业发展，出台酒类企业保护、激励和优惠专项政策，专门创建白酒工程技术研究中心，促进酒类企业发展。江安县还将酒文化与地方民俗、竹工艺等文化有机结合，以开展节、会等多种形式，丰富白酒文化，形成地方酒类文化特色。政府强有力的政策支持为白酒行业营造了一个良好的发展环境。

5.“酒驾”治理

众所周知，如今特别加强了对酒后驾车的管制，2011年7月公安部交管局向各省交警部门下发《关于修改酒后驾驶有关法律规定的意见（征求意见稿）》，其中指出要加大酒驾处罚力度，降低饮酒驾驶和醉酒驾驶的最低标准，首次明确“与醉驾司机同乘一车的乘客也应处罚”。我们知道，过度饮酒会对人体造成伤害，而且近几年因为醉酒驾车而引起的死亡人数也在逐年增加。因此，此次的加强“酒驾”治理也是社会民众的心声。在某种程度上，这对于正处在冷冬期的白酒行业而言，无疑是雪上加霜。

（二）经济分析

1. 国内生产总值分析

在众多的经济因素中，宏观经济运行的分析是最重要的。宏观经济的运行好坏，直接影响企业的发展。据资料显示，2008年，我国全年国内生产总值达到300 670亿元，比2007年增长9.0%。

从图1-1可以看出，自2004年以来，中国的经济发展是很

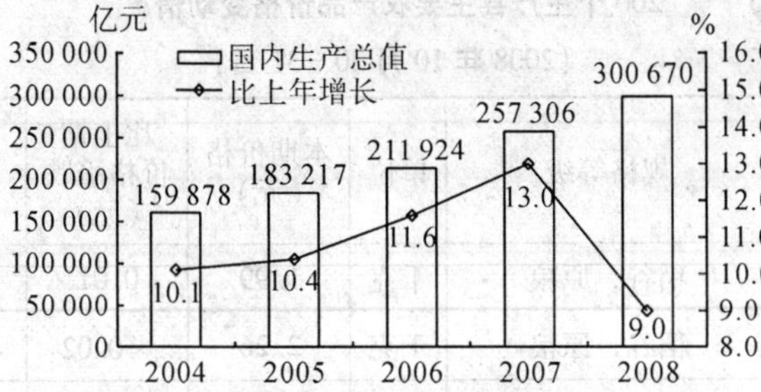

图 1-1 2004—2008 年国内生产总值及其增长速度

平稳的，2008 年经济增速有所回落，是受到经济危机所影响。总体而言，中国的经济发展是持续前行的，宏观环境是很优良的。据统计，2009 年 10 月，规模以上工业增加值同比增长 16.1%，比 2008 年同月加快 7.9 个百分点，可以看出，我国的经济是在逐渐回暖的，在如此环境下，企业就能稳健发展了。

2. 粮食产量以及价格情况（白酒原辅料）分析

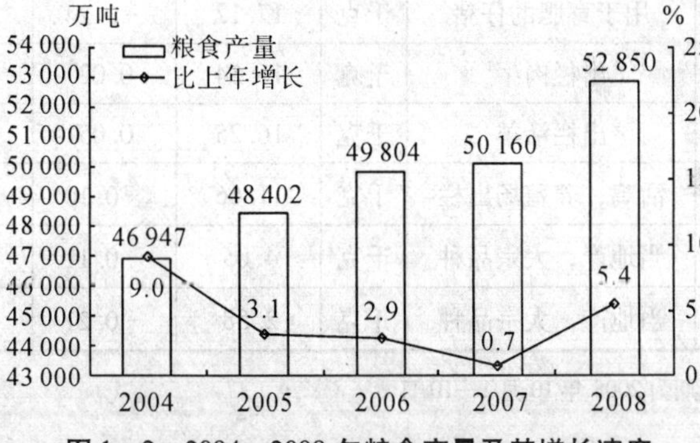

图 1-2 2004—2008 年粮食产量及其增长速度

2008 年，我国全年粮食产量为 52 850 万吨，比 2007 年增加 2 690 万吨，增产 5.4%。从图 1-2 中可以看出，前几年粮食产量虽然增速比较慢，但是 2008 年我国粮食产量大增，这对白酒行业的发展是个利好消息。

表 1－5　　200 个主产县主要农产品价格变动情况

（2008 年 10 月 20－31 日）

农产品名称	规格等级	单位	本期价格（元）	比上期价格涨跌（元）	涨跌幅（%）
籼稻	稻谷，原粮	千克	1.99	0.01	0.38
粳稻	稻谷，原粮	千克	2.26	-0.02	-0.74
小麦	小麦，原粮	千克	1.93	0.01	0.46
玉米	玉米，原粮	千克	1.83	-0.02	-1.30
大豆	大豆，原粮	千克	4.70	0.01	0.12
籽棉	未经轧花处理	千克	5.88	0.12	2.03
油菜子	油菜子	千克	3.72	-0.04	-1.00
花生	去壳花生仁	千克	7.87	0.14	1.85
肥猪	出栏肥猪	千克	11.50	-0.17	-1.42
仔猪	用于育肥的仔猪	千克	17.12	-0.24	-1.38
活牛	出栏肉牛	千克	16.54	0.02	0.14
活羊	出栏活羊	千克	16.25	0.05	0.29
活鸡	活鸡，养殖场出栏	千克	11.66	-0.10	-0.86
苹果	当地产，大宗品种	千克	4.05	-0.11	-2.68
柑橘	当地产，大宗品种	千克	2.58	-0.21	-7.58

注：上期为 2008 年 10 月 1—10 日。

从表 1－5 中可以看出，酿造白酒的几种原辅料的价格有涨有跌，其中稻谷和玉米的跌幅比较大，而小麦的涨幅相对比较小。白酒的销售成绩主要取决于产品质量和价格，可见，这些原辅料的价格对于白酒企业的作用是非常大的。

3. 居民消费价格变化分析

表 1－6　　2008 年居民消费价格比 2007 年涨跌幅度　　单位:%

指标	全国	城市	农村
居民消费价格	5.9	5.6	6.5
食品	14.3	14.5	14.0
其中：粮食	7.0	7.2	6.7
肉禽及其制品	21.7	22.6	20.0
油脂	25.4	24.9	25.9
鲜蛋	3.7	3.8	3.6
鲜菜	10.7	10.5	11.3
鲜果	9.0	8.9	9.3
烟酒及用品	2.9	3.1	2.6
衣着	－1.5	－1.8	－0.6
家庭设备用品及服务	2.8	3.0	2.4
医疗保健及个人用品	2.9	2.8	3.2
交通和通信	－0.9	－1.6	0.7
娱乐教育文化用品及服务	－0.7	－0.9	－0.1
居住	5.5	4.3	8.2

从表 1－6 中可以看出，2008 年我国烟酒及用品价格上涨了 2.9 个百分点，这个涨幅是在 2008 年特殊的经济条件下发生的，另外跟国家的相关政策也密不可分。价格上涨，势必会影响销售，尤其对于白酒产品，在经济发展缓慢的情况下，白酒消费势必是会受到影响的。

4. 居民存款情况分析

图 1－3　2004—2008 年城乡居民人民币储蓄存款余额及其增长速度

从图 1－3 中可以看出，2008 年城乡居民的存款高达 217 885亿元。在经济危机的环境下，人人都收紧腰包，这无疑会影响人们的消费，白酒行业自然也要受到影响。

5. 产业集聚效应分析

宜宾作为中国的“酒都”，正是因为宜宾白酒闻名中外，宜宾的白酒企业众多，尤其是有非常多的中小企业。但是近年来，宜宾白酒的产量却逐年下降，增速缓慢，被泸州、德阳等其他周边地区所赶超，尤其是落后于泸州的白酒发展。在这样的形势下，进行产业集聚，无疑有利于宜宾白酒的发展。竞争优势理论也指出：一个国家和地区的竞争优势并不一定看整个国民经济，而主要看该国和地区有无独特的产业和产业群体。上文也提到，江安县启动建设阳春工业园康家坝食品加工区，积极引导县内酒类企业入驻，实现集群发展。中小酒业应该抓住机遇，利用集群效应，发展企业。

（三）社会文化分析

1. 白酒文化分析

中国白酒同亚述地区先民创造的啤酒、中东西河流域先民创造的葡萄酒一样，是世界上最古老的三大酒种之一。古往今来，上至王侯将相，下到黎民百姓，白酒的消费无处不在，可以说，在中国白酒文化已然是一种社会文化了。宜宾作为中国的“酒都”，白酒文化的浓郁程度更是不言而喻了。这种浓郁的白酒文化对企业的发展是相当有利的。

2. 居民受教育程度分析

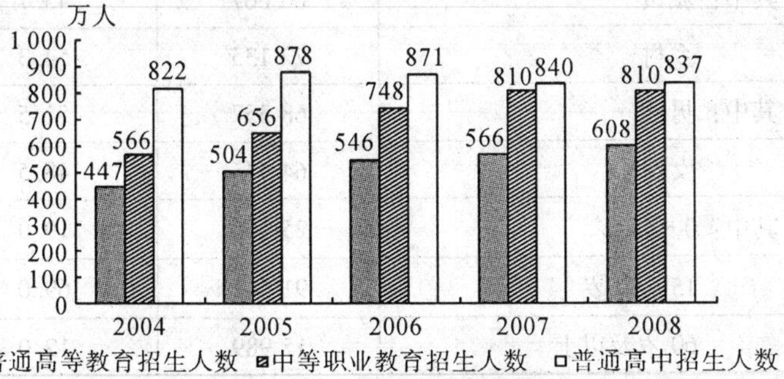

图 1－4　2004—2008 年各类教育招生人数

从图 1－4 中可以看到，我国的教育发展程度是在逐年提高的，这也说明我国的国民素质在不断提高。随着人们的受教育水平和生活水平的提高，同时人们对于消费的要求也在不断提高，消费观念也从物质享受更多地转向了精神享受，对产品的精神含义更加看重，当然质量要求始终是排在第一的。同时，随着洋酒的侵入，使得一部分消费者转向洋酒消费，洋酒正在逐渐瓜分我们的白酒市场。这就要求白酒企业在保证质量的前提下，要更多的投入精神含义到产品中，也就是要塑造企业的品牌，这给企业出了一个难题，尤其是中小白酒企业。

3. 人口统计分析

2008 年，我国总人口为 132 802 万人，比 2007 年年末增加 673 万人。全年出生人口 1 608 万人，出生率为 12. 14‰；死亡人口 935 万人，死亡率为 7. 06‰，自然增长率为 5. 08‰。中国是一个人口大国，同时也是一个消费大国。这个庞大的市场如果开发合理，对企业而言，将是一大笔财富。

表 1-7　　2008 年人口数及其构成　　单位：万人

指标	年末数	比重（%）
全国总人口	132 802	100.0
其中：城镇	60 667	45.7
乡村	72 135	54.3
其中：男性	68 357	51.5
女性	64 445	48.5
其中：0～14 岁	25 166	19.0
15～59 岁	91 647	69.0
60 岁及以上	15 989	12.0

我国总人口中，农村人口比例达到 54.3%，我们知道，农村市场对于白酒企业而言是个很大的市场，尤其是近几年农村的快速发展，人们的消费水平提高，更是如此。许多企业开发出中低端产品进军农村市场，取得了不小的成绩。

另外，从表 1-7 中可以看到，我国男性人口达到 68 357 万人，占全国人口的 51.5%。男性一向是白酒的主要消费群体，而白酒属于男性的日常消费品，消费波动不会很大，关键在于企业的积极引导。

从年龄段来看，白酒消费主要集聚于青年和中年这个年龄段。从表 1-7 中可以看出，我国这个年龄段的人口比例高达 69%，这对我国白酒发展是很有利的。另外，随着我国老龄化的发展，这块新市场的空间相当大。对于老年人而言，健康是最重要的要求，当然，情感文化也是不可忽视的。已有企业进军老年市场了，不过现阶段，这块新市场还没完全开发出来，如果企业针对这块市场，开发出特色产品，这对企业来说将是一个相当有利润的市场。

（四）全球化的影响

1. 中国加入世界贸易组织对白酒行业的影响

中国加入世界贸易组织，机遇与挑战并存。一方面，随着中国与世界的接轨，我国企业可以引进各种先进的科技理念与设备，优化企业的硬件和软件；另一方面，随着中国越来越国际化，许多洋酒企业来华投资建厂，与国内企业争夺市场，对国内的企业造成一定的压力，尤其是力量相对薄弱中小企业。当然，从另一个角度看，在如此竞争激烈的环境下，优胜劣汰，提升整体酒类行业的水平，也未尝不是一件好事。

2. 经济危机对白酒行业的影响

2008 年的一场经济危机虽然使得全球经济陷入疲软状态，许多行业受到强烈的冲击，不过对于白酒行业的影响却不是很大，这主要是因为白酒消费属于刚性消费。据 AC 尼尔森的调查显示，42% 的消费者表示经济危机不会影响其对白酒类产品的购买。但是，白酒企业并不能就此掉以轻心。虽然白酒行业没有受到强烈冲击，但是世界是普遍联系的，白酒市场也会受到其他行业的影响，特别是与白酒行业相关联的行业，这点一定要引起企业的高度重视。

三、宜宾市白酒产业发展现状

白酒产业无疑是宜宾市最具竞争力的产业，宜宾市政府对白酒产业历来比较重视。宜宾有较多的能酿好酒的中小企业，但还没有形成整体的白酒区位品牌，这制约了宜宾白酒产业和宜宾经济的发展。而且，随着人们生活水平的提高，健康意识逐渐增强，人们对酒的消费理念开始向更健康的低酒精度的饮料酒转变。1978 年，白酒占饮料酒产量的比例达 60%，到 2001 年，这个比例却下降到 14%。2003 年，全国饮料酒产量是 2 755.71万吨，而白酒产量为 410.6 万吨，白酒仅占 14.9%，其他低度的饮料酒占 85.1%。这些数据说明白酒的份额正逐渐被低酒精度的啤酒、果酒、黄酒等饮料酒蚕食。这种消费理念的转变对整个白酒行业是一个严峻威胁，对中国“白酒之都”宜宾也是很大的挑战。基于此，本案例试图分析宜宾白酒产业发展现状并进一步指出宜宾白酒产业发展面临的问题。

（一）宜宾白酒生产状况

1. 宜宾白酒产量状况

宜宾白酒产量呈下降趋势，6 年来平均每年下降 7.44%。2005 年以来，其他白酒企业产量开始逐年增加，2002—2007 年平均增幅达 3.11%。而五粮液的产量总体呈下降趋势，占宜宾全市白酒产量的比重由 2002 年的 62.86% 下降到 2007 年的 36.7%。

2. 宜宾白酒产值情况

从总体上看，宜宾全市白酒产值呈快速上升趋势，2004—2007 年 4 年来产值平均增幅达 21.02%。其中五粮液占绝对地位，从 2004—2007 年其产值一直占据全市白酒产值的 90% 以上。其他白酒企业呈逐年上升趋势，产值由 2004 年的 5.11 元增长到 2007 年的 16.29 亿元，平均增幅达 47.17%，虽然增幅较快，但占全市比例只由 2004 年的 5.03% 上升到 2007 年的 9.14%。说明其他的白酒企业还没有形成一定的规模和竞争力。

（二）宜宾白酒产业存在的问题

上述数据反映出无论是从产量上还是从产值上来说，宜宾市白酒产业从企业角度看，五粮液集团可谓“一枝独秀”。

然而，宜宾白酒产业仅凭五粮液一个龙头企业是远远不够的，一家企业的发展有其上限。当企业的规模达到一定程度后，再扩大规模，就会增加管理成本，组织的效率、效益降低，从而产生规模不经济。

表 1-8　　五粮液近年的状况　　单位：亿元

项目＼时间	2005 年	2006 年	2007 年
资产	96.14	103.34	115.72
营业收入	64.19	73.97	73.28

从表 1-8 中可以看出，近年来五粮液营业收入增幅很小，2007 年比 2006 年还减少了 0.69 亿元。这从一定程度上反映了五粮液集团发展遇到了瓶颈。说明其现在的规模已达到相当的程度，从其经营范围的多元性也一定程度折射出这一点。五粮液的发展比重已趋于稳定，其对宜宾经济的贡献比重也趋于稳定。因此宜宾白酒产业要获得更大的发展空间，必须培育新的增长点。宜宾白酒产业整体还具有一定集聚优势，因此应找准定位实行白酒产业集聚战略，维持、提升宜宾“中国酒都”地位，增强宜宾经济发展后劲。

（三）四川白酒主产城市白酒产业的状况

四川白酒产量总体趋势是上升的，6 年来平均每年增幅达 6.98%，这说明四川白酒行业发展比较迅速。而全国白酒市场容量已经慢慢趋于稳定，暗示着白酒企业之间，特别是在几家最大白酒企业之间的竞争将会越来越激烈。

从产量上看，在四川主要白酒城市中泸州增长最快，从 2002 年年产 6.29 万吨增长到 2007 年年产 26.48 万吨。6 年来平均每年增幅 33.31%。在产量上远远超过宜宾。其次是德阳，6 年来平均增幅为 6.22%。成都从 2004 年开始大幅恢复白酒生产，产量从年产 2.5 万吨增长到 2007 年年产 6.75 万吨，4 年来增速达 42.5%。而宜宾产量由 2002 年年产 24.07 万吨下降到 2007 年年产 16.35 万吨，占全省比例由 2002 年的 44% 下降为 2007 年的 21%，下降趋势明显。

数据表明，川内其他地方白酒产业在产量上呈较快增长趋势，其中特别是泸州、德阳，四川白酒产量龙头位置已让位于泸州，宜宾白酒产业受到了其他白酒产地的严重威胁。

宜宾白酒产量趋势是下降的，其主要原因是五粮液进行了产品结构调整，收缩大量的低端品牌，减少了对低端白酒的生产，五粮液在集中力量培育、提升中端和高端品牌的竞争力。这也从侧面反映出宜宾其他中、小白酒企业尚没有形成有竞争力的规模，还没有形成支撑宜宾经济的能力。

从产值上看，四川白酒产值增长很快，6 年来平均每年增幅达 15.55%。泸州白酒产值增长特别快，从 2002 年到 2007 年的 6 年间产值翻了 4 倍多，达到 94.54 亿元，占四川全省白酒产值比重由 2002 年的 12% 增长到 2007 年的 25.3%。德阳白酒产值增长也较快，6 年来平均每年增幅达 15.66%，6 年来产值增加 18.95 亿元。其中值得引起重视的是泸州整体白酒产业发展很快，泸州政府很重视对整体白酒产业的规划、指导。

宜宾白酒的产值也基本呈现大幅上涨趋势，产值由 2002 年的 95.58 亿元增长到 2007 年的 178.29 亿元。6 年来平均增幅达 13.28%。6 年来产值基本保持占四川产值的一半。这说明宜宾白酒产业在四川白酒行业中占有绝对领导地位。

但要清醒的认识到宜宾白酒产值呈现大幅上涨趋势，其主要是由于五粮液的贡献，这不能表示宜宾其他白酒企业产值趋势也很好。另外，要注意的是宜宾白酒产值占全四川白酒产值的比重基本呈下降趋势，由 2002 年的 52.8% 下降到 2007 年的 47.8%，每年比重下降 1.97% 左右。说明四川其他城市的白酒产业开始发力，宜宾的白酒行业领先地位受到比较大的威胁。

可以看出，在白酒产量上泸州远远超过宜宾，德阳也正在向宜宾接近，在产值上宜宾还稳坐第一的位置，但泸州正在高速追赶，每年平均增长达 34.05%。从川内白酒产业目前的发展速度、趋势看，宜宾白酒产业受到比较严峻的挑战。

（四）泸州、仁怀对宜宾"酒都"地位的威胁

宜宾白酒企业个数每年只有小幅增长，2007 年比 2004 年增加 9 家。但泸州则是高歌猛进，从 2004 年到 2007 年 4 年间增加 49 家，发展的势头非常快，这也是其产量超过宜宾的原因之一。泸州市提出了加快发展泸州酒业，提升酒城地位，建设中国白酒产业基地的要求。2007 年泸州市已建成白酒集中工业园区，招商引资 31 家，目前工业园区灌装生产能力达 13.5 万吨，产业集聚优势十分明显。泸州从产量上、战略定位上都对宜宾白酒产业形成了较大的威胁（见图 1－5）。

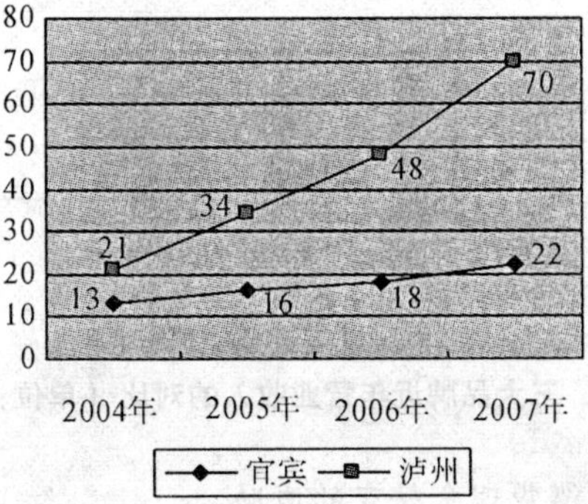

图 1－5　近年来宜宾、泸州白酒企业个数增长趋势（单位：个）

从国内三大白酒企业的对比来看，五粮液 3 年来资产的增幅为 20.4%，而贵州茅台为 30%，泸州老窖增幅最大达 64.4%。在资产上茅台与五粮液的差距在缩小，由 2005 年的 15.52 亿元缩小到 2007 年的 10.91 亿元，资产已很接近五粮液（见图 1－6）。茅台集团在营业收入上这 3 年来突飞猛进，3 年来平均每年增幅达 84.1%。2005 年茅台集团营业收入差五粮液 24.89 亿元，而到 2007 年营业收入只差 0.91 亿元（见图 1－7）。

以上数据表明，近年来在资产、营业收入方面茅台、泸州老窖的扩张速度、扩张速率比五粮液快；在营业收入上，茅台、泸州老窖分别增长 84.1%、96.6%，而五粮液只增长了 14.2%。

五粮液近年来的发展速度慢了，五粮液集团已受到茅台、泸州老窖为代表的高端白酒企业的严峻挑战。

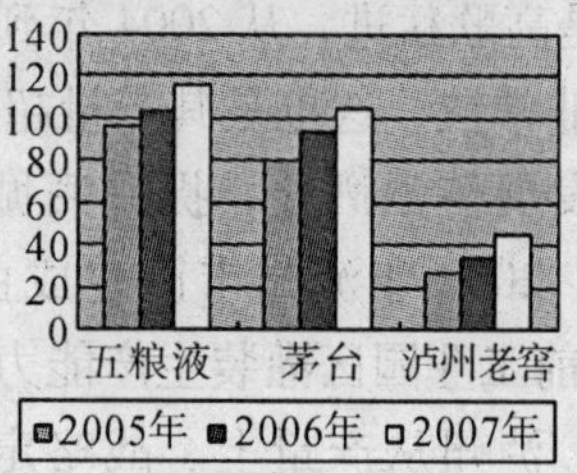

图 1-6　三大白酒品牌近年资产对比（单位：亿元）

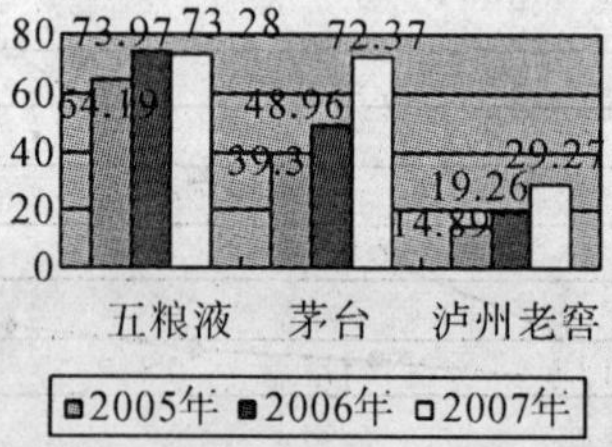

图 1-7　三大品牌近年营业收入的对比（单位：亿元）

（五）来自消费理念转变的威胁

1978 年，白酒占饮料酒产量的比例达 60%，但到 2001 年，这个比例却下降到 14%。2003 年，全国饮料酒产量是 2 755.71 万吨，而白酒产量为 410.6 万吨，白酒仅占 14.9%，其他低度的饮料酒占 85.1%。这些数据说明白酒的市场份额正逐渐被低酒精度的啤酒、果酒、黄酒等饮料酒蚕食。

（六）小结

在这样的背景下，根据对全国普遍实施的城市发展战略的研究，产业集群化正在成为加快区域经济发展的重要引擎，各级政府都把培育制造业产业集群和服务业产业集群作为提升综合实力和竞争力的新经济形态。竞争优势理论也指出：一个国家和地区的竞争优势并不一定看整个国民经济，而主要看该国和地区有无独特的产业和产业群体。根据这些理论，应抓住宜宾白酒优势，实行白酒产业集聚战略，来应对宜宾白酒产业遇到的重大威胁，并以此增强宜宾经济发展的后劲。

我们用波特“五力模型”对宜宾白酒行业现状进行总结。

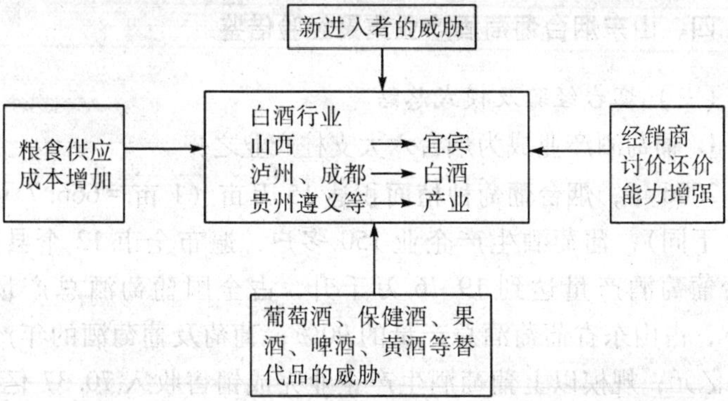

图 1-8 以波特五种竞争力模型分析宜宾白酒产业

在外部环境上，白酒行业受到国家政策环境的限制（白酒行业是国家限制发展行业）；在社会环境上，白酒行业受到消费理念转变的威胁；从替代品上，白酒正受到葡萄酒、保健酒、果酒、啤酒、黄酒等替代品对白酒市场份额的强有力的蚕食；在粮食供应上，由于近年来各地白酒企业快速扩张，扩大了对市场上原材料的需求，从而提高原料价格，进而造成酿酒原材料供应成本增加；在企业的下游环节，由于比较大一部分企业快速扩张，导致渠道、终端竞争越来越激烈，从而使一部分有实力的大经销商大大地增强了在与企业谈判中的话语权，这又大大加重企业的运营成本；国内外的投资者也对中国的白酒产业虎视眈眈，准备随时进入；在白酒行业内部，又受到以贵州、泸州为代表的各地白酒企业的强烈的威胁，而宜宾白酒产业内部仅仅依靠已受到瓶颈束缚的五粮液的支撑。

从以上分析可以看出作为“酒都”的宜宾所面临的严峻形

势，宜宾白酒产业必须加大对二线白酒企业的扶持力度，增强竞争力，扩大生产规模；建立白酒市场，以中国“酒都”地域品牌带动二线品牌的销售；走品牌化、集群化的道路，巩固宜宾白酒产业在全国的领先优势。

四、山东烟台葡萄酒产业集聚经验借鉴

（一）烟台经验及模式总结

1. 葡萄酒产业成为烟台六大支柱产业之一

2006年，烟台葡萄种植面积达15万亩（1亩=666.7平方米，下同），葡萄酒生产企业150多户，遍布全市12个县区。烟台葡萄酒产量达到19.76万千升，占全国葡萄酒总产量的48%，占山东省葡萄酒总产量的90%；葡萄及葡萄酒的年产值100亿元；规模以上葡萄酒生产企业完成销售收入70.37亿元，实现利税18.02亿元。已形成烟台葡萄酒、蓬莱产区葡萄酒的概念深入人心的局面。

2. 烟台葡萄酒品牌形成的轨迹

（1）烟台大力发展产区品牌。在烟台产区，蓬莱市参照法国波尔多的做法，把产区葡萄酒企业组成联盟，对内加强行业自律，对外叫响同一品牌。坚持诚信经营，反对不正当竞争，维护蓬莱产区整体品牌和声誉的愿望。为打造产区品牌，蓬莱专门注册了产区标识作为整个蓬莱葡萄酒产区的标志，由会员企业在酒瓶商标上统一使用。在对外营销方面，积极发挥行业的整体优势，由产区出面组织企业以团体形式参加各种大型活动，如糖酒会等；积极为会员与各地酒类采购团牵线搭桥，推介会员企业的产品，并对其产品提供保护。2006年，蓬莱葡萄与葡萄酒产业从山东省上百个产业中脱颖而出，被评为山东省首届“十大产业集群”称号。现在蓬莱产区品牌像一块金字招牌，不仅使葡萄酒企业实现了增产增收，还有更多的国内外葡萄酒企业慕名前来加盟。

（2）行业龙头带动领跑。国内葡萄酒行业领头羊张裕集团以其悠久葡萄种植、葡萄酒酿造技术结合的现代工艺而独占鳌头。烟台葡萄酒产业要抓住烟台独特的葡萄种植环境，利用烟台“国际葡萄·葡萄酒城”的国际金字招牌积极领跑。在国内率先建立自己的酒庄，开创了中国葡萄酒庄发展的历史。其中张裕·卡斯特酒庄推出的整桶订购、个性化定制酒，成功引领了中国酒庄酒的风尚。张裕集团以张裕葡萄酒博物馆、张裕国际葡萄酒城之窗、张裕各大酒庄为主线的葡萄酒旅游，不间断地推出各种主题的旅游项目，吸引各个阶层、不同年龄段的消费者前往，起到了长期品牌宣传效果。

3. 产业集聚效应

烟台现已集聚了张裕解百纳、威龙、烟台长城、华夏王朝等一批国家、省食品行业名牌产品。烟台张裕葡萄酿酒股份有限公司的“张裕”，品牌价值30.17亿元；烟台威龙葡萄酒股份有限公司的“威龙”，品牌价值14.06亿元。长城葡萄酒获得“中国出口名牌”称号。2002年成功进入全国同行业前5强。

（二）葡萄酒企业在烟台集聚的主要原因

1. 资源禀赋

资源禀赋包括自然资源和营销资源。

自然资源方面，烟台与世界著名葡萄酒产区波尔多处于同一纬度，土壤、光照、湿度都跟波尔多很相似，因而大家公认烟台地区可以供应优质的酿酒原材料。而在葡萄酒界都遵循“七分种植，三分酿造”的法则，正是这种理念让拥有独特葡萄种植条件的烟台成为国内外葡萄酒企业集聚的理想之地。

营销资源方面，烟台被国际葡萄·葡萄酒局正式命名为“国际葡萄·葡萄酒城”，这强有力地促进了烟台建立烟台葡萄酒“区位品牌”，而区位品牌一旦形成就会获得群体效应。各葡萄酒生产企业为了获得“区位品牌”效应，纷纷向烟台集聚。

2. 需求条件

具有需求量庞大的山东市场和国外市场支撑。葡萄酒企业在烟台集聚，对内能与国内葡萄酒领头羊张裕解百纳同城竞争，可以提升其葡萄酒高端品牌形象，也便于其占领山东乃至东部沿海地区高端市场；对外能利用烟台“国际葡萄·葡萄酒城”美誉在国际上的影响力，随着国外消费者对烟台葡萄酒认可度的提高，从而扩大国内外市场对烟台葡萄酒的需求。

（三）烟台葡萄酒产业集聚对宜宾的借鉴意义

宜宾白酒产业与烟台葡萄酒产业很类似，都具有独特的自然资源和营销资源，因此烟台葡萄酒产业集聚对宜宾白酒产业集聚有一定的参考作用。

产业集聚是指一些相互关联的企业和机构在特定的地域所形成的产业空间集群的现象。学术界对产业集聚已有比较多的研究，通过产业集聚能获得如下优势：

1. 交易成本优势

产业集聚可以降低交易成本，产业集聚可以形成人的相对集中，从而有利于交易效率和促进分工，工人的集中居住也能为企业节约一部分招聘、培训费用，另外各种交易集中一个小区域，可以提高交易效率。

2. 区域营销优势

企业通过集群，集中广告宣传力度，利用群体效应，形成“区位品牌”，区位品牌更形象、具有更大的影响力和持久的品牌效应，而形成区位品牌后，可以通过批发零售商或以专卖的形式形成垄断销售，以获得纵向一体化利润。

3. 规模经济优势

规模经济分为内部规模经济和外部规模经济。内部规模经济是指在集群经济中，由于中间产品的转移成本很低，分工精细化及资产专用性的提高带来各种产品可分割的功能不断从企业的内部剥离出去，导致其内部单位产品生产的长期平均成本下降，企业趋于达到最优生产规模，因而获得企业内部规模经济。外部规模经济是指由于众多的中小企业可以利用空间接近性，通过与外部企业合资、合作或建立联盟等形式，从事专业化的业务，能弥补在技术、资金、人才、管理方面的不足，从而获得资源方面的外部规模经济。

宜宾实行白酒产业集聚优势分析如下：

在自然资源方面：宜宾具有酿制高质量白酒的独特生生态环境。宜宾西起大小凉山余脉，南起云贵高原北坡，东北起华蓥山余脉，东南起四川盆地东岭谷区，西北起盆中方山近陵区。年降水量961～1 167毫米，平均气温18.3～18.9摄氏度，气候温暖湿润，特别适合各类微生物生长，特别有利于酒的发酵。区域内土壤多为保水性强的黏土，长江、金沙江、岷江穿流而过，保证了区域内的湿度。经国家水质部门检验金沙江水质全部优于国家规定标准，这在全国是特有的，为酿制高质量的白酒提供了保障。宜宾森林覆盖率达39%。这种独特的气候、湿度、土壤、水质为宜宾酿制出芳醇可口的白酒提供了独特的生态环境。

在营销资源方面：宜宾具有“酒都”的美誉，这带给宜宾境内的白酒企业很好的营销效应，有利于各种白酒的营销。这为其他白酒企业集聚宜宾增加了吸引力。另外，五粮液“白酒大王”的龙头效应使消费者青睐五粮液，进而偏爱宜宾白酒的可能性增大，这将有利于宜宾境内生产的白酒的销售。因此白酒企业集聚可获得区域营销效应。区域营销效应是指企业通过集群，集中广告宣传力度，利用群体效应，形成“区位品牌”，区位品牌更形象、具有更大的影响力和更持久的品牌效应。形成区位品牌后，可以通过批发零售商或可以以专卖的形式形成垄断销售，以获得纵向一体化利润。

五、宜宾白酒产业集聚的必要性与可行性

（一）宜宾实行白酒产业集聚的必要性

宜宾白酒6年来产值基本保持占四川白酒总产值的一半，说明宜宾白酒产业在四川白酒行业中占有绝对领导地位。但要清醒地认识到宜宾白酒产值呈现大幅上涨趋势，主要是五粮液的贡献，这不能表示宜宾其他白酒企业产值发展趋势也很好。另外，要注意的是宜宾白酒产值占全四川产值的比重基本呈下降趋势，由原来2002年的52.8%下降到2007年的47.8%，每年下降1.6%左右。这说明四川其他城市的白酒产业开始发力，宜宾的白酒行业领先地位受到比较大的威胁。

近年来，四川省内其他地方整体白酒产业在产量上呈较快增长趋势。四川白酒产量龙头位置已让位于泸州，泸州政府很重视对整体白酒产业的规划与指导。泸州市提出了加快发展泸州酒业，提升酒城地位，建设中国白酒产业基地要求。2007年，泸州已建成白酒集中工业园区，招商引资31家，目前工业园区灌装生产能力达13.5万吨。产业集聚优势十分明显，泸州从产量上、战略定位上都对宜宾白酒产业形成了较大的威胁。泸州整体白酒产业发展很快在产量上远远超过宜宾，德阳也正在向宜宾接近，在产值上宜宾还稳坐第一位置，但泸州正在高速追赶，每年平均增值达55.5%。从四川省内白酒产业目前的发展速度、趋势看，宜宾整体白酒产业受到比较严峻的挑战。而且，宜宾其他中小白酒企业尚没有形成有竞争力的规模，还没有形成支撑宜宾经济的能力。

目前，在全国普遍实施的城市发展战略中，产业集群化正在成为加快区域经济发展的新的增长点和重要引擎，各级政府都把培育制造业产业集群和服务业产业集群作为提升综合实力和竞争力的新经济形态。波特竞争优势理论也指出：一个国家和地区的竞争优势并不一定看整个国民经济，而主要看该国和

地区有无独特的产业和产业群体。在当前这种情况下，宜宾应该努力增强二线企业和品牌的实力，扩大产量和产值。宜宾应该抓住优势，实行白酒产业集聚战略，来应对宜宾白酒产业遇到的重大挑战，并以此增强宜宾经济发展的后劲。

（二）白酒产业集聚的可行性

1. 集聚符合产业发展的趋势

研究表明，从1989年到2003年，28个制造业中的23个产业都变得在地理上更加集中。这说明了中国制造业的集聚的呈上升趋势。宜宾实行白酒产业集聚是符合市场发展趋势的。国家发改委调查分析指出，产业集聚后，可以节约用地30%，提高能源利用率40%，节约行政管理费用20%以上，这为宜宾实行白酒产业集聚提供了理论和实践支持。另外国家产业政策也积极倡导优化工业结构，鼓励产业进行结构调整，产品升级。宜宾实行白酒产业集聚在一定程度上可以优化产业结构，在集聚的过程中逐渐淘汰一部分经营落后、效益差、高耗能、高污染的企业，通过产业集聚能增强行业内的竞争力，有利于发挥企业创新的积极性，有利于产品和品牌的升级。宜宾通过产业集聚，形成更具规模的“酒都”，并带动相关产业的发展，增强宜宾经济发展的后劲。

2. 基于波特竞争优势理论“钻石模型”分析宜宾白酒产业集聚的有利条件

波特竞争优势理论“钻石模型”指出：决定产业集群竞争力或失去集群竞争力的因素主要有四种，分别是要素条件，需求条件，相关工业支撑，企业的战略、结构和竞争。“钻石模型”的另外两个附加要素是政府和机遇。要素条件又分为初级生产要素，如天然资源、地理位置等；高级生产要素，如劳动者技能、信息网络等。生产要素又可以分为一般性生产要素，包括运输系统、融资等和专业性生产要素，即限制在技术型人力、专业知识领域及其他针对单一产业的因素。

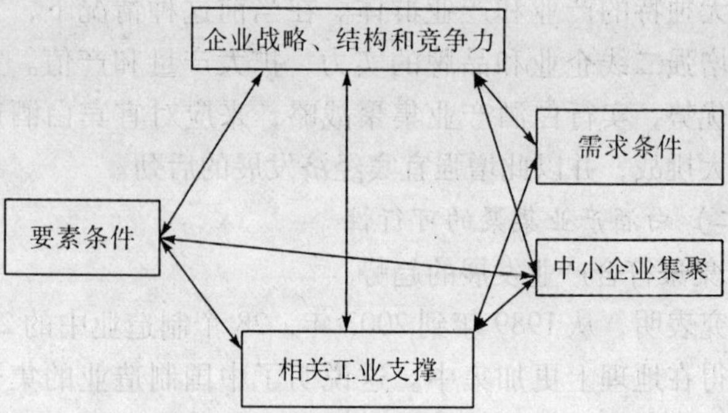

图1－9　以波特的中小企业集聚与“钻石模型”四要素关系分析宜宾白酒产业集聚已具有的条件示意图

（1）从构成波特“钻石模型”要素条件看。宜宾实行白酒产业集聚，具备初级生产要素。宜宾具有酿制高质量白酒的独特生态环境。宜宾西起大小凉山余脉，南起云贵高原北坡，东北起华蓥山余脉，东南起四川盆地东岭谷区，西北起盆中方山近陵区。年降水量961～1 167毫米，平均气温18.3～18.9摄氏度，气候温暖湿润，特别适合各类微生物生长，特别有利于酒的发酵。区域内土壤多为保水性强的黏土，长江、金沙江、岷江穿流而过，保证了区域内的湿度。经国家水质部门检验金沙江水质全部优于国家规定标准，这在全国是特有的，为酿制高质量的白酒提供了保障。宜宾森林覆盖率达39%。这种独特的气候、湿度、土壤、水质为宜宾酿制出芳醇可口的白酒提供了独特的生态环境。

宜宾实行白酒产业集聚，宜宾具备“钻石模型”一般性生产要素，即运输系统。宜宾已建成内宜高速，北接成渝高速，经成渝高速可以快速通达四川省内和全国主要城市。宜宾—水富高速已通车，正在建设宜宾—泸州，宜宾—乐山，水富—昭通—昆明高速公路，宜宾将很快衔接全国的高速公路网，这将为宜宾境内的企业高效率的采购原材料、输送产品提供了强力的保障。内昆铁路穿境而过，北接成渝铁路，由成都可以通达西北和北方主要城市，由重庆能通达华中、华北经济重地，南接桂昆铁路，各类产品可以与由宜宾直接送达珠江三角洲等发达地区，这不但为宜宾境内企业提供了方便，更能降低各企业的成本。宜宾已开通至北京、上海、广州、成都、昆明的航班，并正在扩建航空港，将可能增加到其他城市航班，这将方便宜宾各类商务人士出行和提高商务效率。由以上可以看出宜宾已建成一个相对完善的交通运输系统。

相比之下，茅台所在的仁怀目前只有南部贴近国道 326 干线，尚没有高速公路、铁路和航空港，这将给其境内的企业带来不便并增加运输成本。再加上仁怀只是一个县级市，其经济实力、财力、需求有限，要行成一个完善的交通系统会有一个很长的过程。企业会出于节约成本的考虑，将会选择交通相对完善的城市落户，因此宜宾将更可能成为白酒企业投资的理想之地。

（2）波特“钻石模型”的需求条件分析。中国人口众多，并且有喝白酒的悠久历史和习惯。据统计，2007 年全国白酒产量为 443.5 万吨，这保证市场对白酒的需求。2007 年宜宾白酒产量为 14.39 万吨，占全国白酒产量的 3.2%，由此反映出宜宾白酒在全国市场上应还有较大的发展空间。中国地域辽阔，人口分布广，各个区域的人有各自的偏好，中国具有巨大的市场细分空间。另外，随着中国的崛起，中国文化在世界的影响力增强，中国的酒文化也将传播到世界各地。国外市场对中国白酒的潜在需求会逐渐增加。在现在中国白酒出口量中，宜宾五粮液占有绝大部分出口份额，这无疑对宜宾白酒有一定的营销作用，这将加大市场对宜宾白酒的需求。因而，国内外市场对宜宾白酒的需求前景是乐观的。

（3）从构成波特“钻石模型”的相关工业支撑条件分析。相关工业支撑的作用表现在相关产业的提升效应。供应商与企业紧密合作有助于高效率地克服困难和协同创新，同时也有助于提高互补品市场需求。

与仁怀相比，宜宾在相关工业支撑上更具优势。宜宾的产业链条已比较完善，从白酒原材料供应到白酒的包装、印刷、酒瓶的生产、物流的产业链已基本形成。在酿酒的原料方面，宜宾是红粱、小米的产地，已建成和正在扩建酿酒粮食生产基地，这将缩短原料的运输距离，降低白酒企业的运输原材料成本。

在就产业链的下游环节，宜宾五粮液拥有包装、印刷、酒瓶的生产和物流的强大业务能力。其他白酒企业可以将这些业务外包给五粮液，这对于其他白酒企业的有利方面包括：一是五粮液是著名企业，其总部位于宜宾，这为将业务外包给五粮液的业主提供了诚信保障；二是五粮液拥有全国性的物流网络，这为各业主将产品输送到全国提供方便，并且便于各业主联系、监督、提高输送效率；三是其他白酒企业可以与五粮液签订长期合同，建立长期宽业务的合作关系，从而能增强其讨价还价的能力，由此降低一部分运营成本，进而提高企业竞争力。另外，宜宾还拥有大规模的纸厂，能够满足各企业包装纸的需要。宜宾具有的比较完善的酒相关配套企业是其他地方无可比拟的，这一系列的配套企业能给宜宾境内的其他白酒企业带来方便和降低各种成本。

而茅台所在的仁怀则缺乏这些包装、印刷、酒瓶的生产和物流的配套设施，如果将企业建于仁怀，则其产品的成本将大大增加。从以上分析可以看出宜宾拥有的相关工业配套设施将为宜宾实行白酒产业集聚的可行性上增加了重要砝码。

（4）从构成波特“钻石模型”的企业的战略分析。企业的战略包括结构与竞争，即企业在一个地区的基础、组织和管理状态以及国内外市场竞争对手的表现。

白酒产业无疑是在宜宾经济中起着中流砥柱作用的产业，

宜宾政府对白酒产业也比较重视，这有利于宜宾白酒产业获得地方上的一些政策倾斜。另外，全国的白酒行业竞争非常激烈，特别是四川、贵州两地白酒企业竞争越发激烈，这为宜宾白酒企业提供改进和创新的原动力。

3. 宜宾实行白酒产业集聚具备的其他优势

（1）企业在宜宾集群可获得区域营销效应。区域营销效应指出：企业通过集群，集中广告宣传力度，利用群体效应，形成“区位品牌”，区位品牌更形象、具有更大的影响力和更持久的品牌效应，而形成区位品牌后，可以通过批发零售商或可以以专卖的形式形成垄断销售，以获得纵向一体化利润。宜宾具有“酒都”的美誉，这带给宜宾境内的白酒企业很好的营销效应，有利于各种白酒的营销。这为其他白酒企业集聚宜宾增加了吸引力。另外，五粮液“白酒大王”的龙头效应使消费者青睐五粮液，进而偏爱宜宾白酒的可能性增大，这将有利于宜宾境内生产的白酒的销售。因此白酒企业集聚可获得区域营销效应。

（2）宜宾市已具有一定规模的酒工业基础。宜宾市除拥有“白酒大王”五粮液外，还拥有上规模的酒类企业 22 家（上规模是指年销售收入 500 万元以上）。其中比较有影响的企业有高州酒业、华夏酒业、叙府酒业，这位宜宾市白酒企业做强做大，培育一批二线品牌提供了一个较好的平台；另外宜宾还拥有 200 家白酒小企业，这为招商引资、鼓励国内外白酒企业收购、兼并宜宾中小白酒企业提供了可能，也为外地白酒企业入驻宜宾获取生产许可证提供了方便。

（3）人才资源。宜宾拥有一定的人才、技术优势。全国酿酒大师 18 名，宜宾占 3 名；国家级白酒评委 44 名，宜宾占 12 名，四川省白酒评委 155 名，宜宾占 19 名。五粮液集团为全国浓香型白酒标准委员会秘书长单位。这为宜宾白酒发展提供了重要的人才、技术支撑。

4. 宜宾白酒产品的市场空白

宜宾现有的白酒产品，其中绝大部分是浓香型白酒，只有极个别企业生产酱香型白酒，因此可以说在酱香、清香、米香型白酒上是空白，因而入驻宜宾的白酒企业可以选择这几种香型，开拓这几种香型的市场，实行错位经营。

综上所述，根据波特“钻石模型”竞争优势理论的分析，宜宾实行白酒产业集聚是可行的，另外宜宾还具有以上独特的优势，这更增强宜宾实行白酒产业集聚战略的可行性。

（三）实行白酒产业集聚对宜宾的贡献

1. 提高资源的利用效率

一个地方产业聚集后，该地的公路、电信、供气、供水等基础设施的使用效率提高。由于产业相对集中，企业能共用一些基础设施，因此政府能节省一部分基础设施投资。从财力上才更有可能将其他设施完善，从而提高宜宾招商引资环境，吸引更多的资金投入，吸引更多高级人才的入驻。

2. 提升宜宾城市竞争力

（1）发展力的提升。产业集聚会吸引一定的资本和部分人才的流入，同时白酒产业集聚将促进物流、广告、房地产、商贸等行业的需求，从而将为城市经济带来活力，进而在一定程度上促进宜宾经济的可持续发展。

（2）创新力的提升。由于产业集聚在一定程度上使专业分工更加细化，经营者为应对各种变化和压力，创新的动力加强。

（3）形象力的提升。产业集聚能促进“区位品牌”的形成，区位品牌更形象、具有更大的影响力，让宜宾整体白酒更容易识别和获得更多的认同。

3. 直观收益

假设宜宾白酒产业集聚通过自己培育和招商引资建成5家大型白酒企业（产量为五粮液产的1/10，即约为5 900 吨），15家中型白酒企业（产量约为五粮液的1/20，即约为2 800吨），那么宜宾的白酒产量将增加约 7.15 万吨，宜宾白酒总产量约为 21 万吨。新增的 7.15 万吨酒装进容积为 500 毫升的酒瓶中，将增加酒瓶需求量 1.43 亿个左右，增加酒包装纸箱 1 亿个，增加纸包装箱印刷 1 亿个。直观地计算，新增酒产值 20 亿元以上。宜宾白酒产业集聚不但会推动宜宾白酒产业的发展，还能壮大相关的产业，提供大量的就业岗位，既稳定社会又增加工人收入，更重要的增强宜宾经济发展的后劲。

六、宜宾白酒产业集聚模式与政策建议

（一）宜宾白酒产业集聚模式

根据以上分析，我们认为，宜宾应该以五粮液为基础，大力打造“中国酒都”或“中国酒都——宜宾”地域品牌，开展“中国酒都优质白酒产品”原产地商标认证，让其他本地二线、三线企业借力发展，并反过来促进五粮液的良性发展（见图 1－10）。

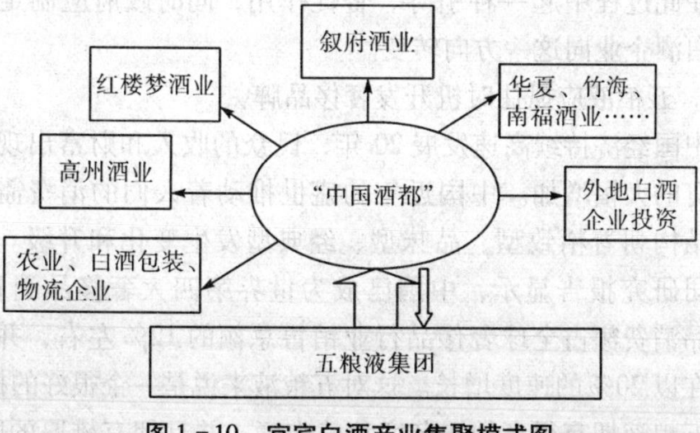

图 1－10　宜宾白酒产业集聚模式图

1. 合作战略

（1）基于白酒企业对生态环境的独特要求，以及宜宾在生态环境方面的先天优势，大力发展相关农业，加强企业与农业

的合作。

（2）基于川黔结合部白酒产业发展的历史优势，与泸州，仁怀等地合作，大力促进川黔结合部地区白酒产业共同发展，形成全球性白酒产业集聚，让川黔地区成为全球优质白酒核心产区。在此基础之上，打造宜宾在本地区的领导地位，让宜宾成为“世界白酒之都”。泸州当前的白酒产业发展以散酒增加产量为主，仁怀当地的白酒配套不足，宜宾可以与它们合理分工，实现大区域产业集聚，与泸州、仁怀实现共赢。

2. 品牌化发展

中国国民的消费结构正由原来的追求商品的数量向追求商品的质量、档次、品味转变，也就是说中国的消费结构正在升级。企业的发展应以市场发展方向为导向。因此宜宾白酒产业的发展也应由原来的追求白酒产量有计划、有步骤的向追求白酒的质量、档次、品牌化转变。泸州的散酒扩张路线和宜宾本地完善的配套产品也可为宜宾白酒品牌化发展形成产业基础。政府在此过程中起一种引导、督促作用，同时政府应制定政策鼓励白酒企业向这一方向转变。

3. 五粮液应抓住时机开发奢侈品牌

中国经济持续高速发展20年，民众的收入和财富出现了前所未有的大幅增加。中国近年的盛世推动着人们的消费需求和消费结构朝着精致型、品味型、经典型发生变化和升级。据高盛公司研究报告显示，中国已成为世界第四大奢侈品消费国，奢侈品消费额占全球奢侈品行业销售总额的12%左右，并且每年还在以20%的速度增长。这对五粮液来说是一个很好的机遇。

五粮液拥有很高的知名度和美誉度，并且拥有雄厚的财力、人才资源，应抓住这一趋势，开发奢侈品牌和配套的奢侈品（如酒杯、酒瓶、五种粮食的雕塑品配套销售），满足这一部分尖端消费者，引领白酒市场，以巩固五粮液在白酒市场的王者地位，更增强五粮液的发展后劲。

（二）宜宾白酒产业集聚实施方式

借鉴烟台葡萄酒产业集聚的经验，结合宜宾市具体情况，我们认为，宜宾市白酒产业的集聚实施方式应该采取：前期政府主导 + 后期市场主导的模式。

白酒行业酿造技术是关键。宜宾采取此模式是因为宜宾经济欠发达对国内外资金影响力小，宜宾也没有像烟台一样的市场地位、也没有像烟台葡萄酒在葡萄酒行业中的影响力。宜宾实行白酒产业集聚前期主要靠政府主导。

政府要制定财政、税收、土地优惠政策，培育、扶持宜宾本土企业做强做大，等白酒产业群达到一定规模后，再转化为市场主导、政府引导模式，因为产业的发展始终要遵循市场发展的规律，发挥市场的资源配置功能。根据波特的“钻石模型”的附加因素政府作用，在集聚的前期政府主导是可行的。日本产业集聚的模式就是政府主导。

在集聚的前期，我们主张以政府主导为主，主张政府制定财政、税收、土地政策，扶持本地中小企业发展。因为现在宜宾白酒企业集聚的氛围还没有形成，对外地白酒企业吸引力还比较有限。政府应招商引资，鼓励白酒企业收购、兼并本地企业同步进行。

第一，为行成白酒集聚氛围，增强对外地企业的吸引力，政府可以考虑制定财政、税收倾斜政策，政府先培育、扶持某些前景可观的企业，等达到一定规模或集聚氛围比较浓时，将其卖给外来企业，一方面可以收回成本，另一方面也可以促进白酒企业集聚。

第二，宜宾市政府可以考虑请求四川省政府出面让五粮液培养宜宾境内 2 ~ 3 家前景可观的白酒企业的各种人才，以扶持这 2 ~ 3 家白酒企业成为全国性的白酒企业，政府给予五粮液财政补贴、优惠土地政策；受益的几家企业从利润中扣除一定比例给五粮液作为回报。

第三，由政府出面为宜宾境内几家前景可观的白酒企业提供担保，向银行申请大规模的贷款，以扶持这几家企业做强做大，形成带头作用。

在宜宾白酒企业集聚的后期，以市场主导为主，政府协调为辅。经过前期的努力，白酒产业集聚已具备一定的基础和氛围，此阶段应以市场主导为主的集聚模式，发挥市场机制的作用，进行资源优化配置。此阶段可以考虑以如下方式为主。

第一，鼓励外地白酒企业收购、兼并本地中小白酒企业；

第二，招商引资，吸引外地白酒企业到宜宾投资建厂或迁入宜宾

（三）政策建议

1. 政府需转变观念

在实行白酒产业集聚之前政府首先应该确定宜宾产业政策，把白酒产业确定为宜宾的支柱产业，更重要的是把对五粮液一家企业的扶持扩展为对宜宾整个白酒产业的扶持。将宜宾白酒产业集聚作为一项长期战略来落实。

政府部门由管理型向服务性职能理念的转变至关重要。企业的运营、开办都要受到政府各部门的监督、管理，政府的服务水平和工作效率直接关系到企业的开办、运营和交易成本。如果政府的服务理念较低，那么企业开办的速度、企业运营的效率将会比较低下，企业的许多计划将会落空，或者导致一些计划实施的成本大大提高，这些很可能导致企业撤离该地。

在我们的调查中，几家企业都指出宜宾市政府某些部门的服务效率较低，表现为申报手续比较繁琐，花费时间长。这对宜宾招商引资，实行白酒产业集聚等项目都是不利的。政府部门的服务职能的好坏是企业在外地投资建厂比较关注的因素之一。格力空调在合肥投资建厂前，考察了几个城市，最终选择合肥。格力不是因为合肥给了更好的优惠条件，而是看中了合肥市政府部门办事效率高的特点。合肥市政府对格力投资项目

采取了各部门集中联合办公的方式，快速地完成了申报、审批等手续。由此可见政府服务职能的重要性，宜宾政府服务职能的改善应采取如下措施：

（1）要求政府各部门工作人员进行学习，树立服务意识；

（2）奖励服务效率高的部门和惩罚服务效率低的部门；

（3）将在招商引资中承诺给投资方的优惠，以地方法规的形式固定下来，以确保其延续性，形成良好的招商引资氛围；

（4）招商部门为外来白酒产业投资商代办相应投资手续，并承诺在限定时间内完成。

2. 人才政策

（1）政府引导重点白酒企业的领导班子进行经营理念的拓展。

（2）财政设立培育基金，用来组织几家有前景的白酒企业的一定名额的各种人才进行相关培训。

3. 融资政策

（1）重点吸引四川省内、重庆、浙江、广东的民营资本到宜宾设立白酒产业投资公司；

（2）投资者按地价的50%支付后，即可进场，用土地证作抵押，再由市政府组建的担保公司担保向银行办理贷款申请；

（3）由市政府联合五粮液等企业成立投资担保公司。

4. 土地政策

（1）为鼓励大型白酒企业投资宜宾，实行按投资额大小来划分土地价格策略，投资额越大，其获得土地价格越低；

（2）知名白酒企业入住宜宾，在土地上可以考虑先使用后付钱的方式。

5. 激励政策

（1）对成功引进招商项目的团体，按项目投资额的一定比例给予奖励；

（2）对重点白酒企业设立目标奖，以安全生产为前提，根据酒类企业产量、销售、收入增速、利润、入库税金五项指标，综合评定排列前十名的企业，颁发“白酒产业发展先进单位”奖，并给予一定现金奖励；

（3）政府可以考虑为前景可观的白酒企业提供一定的财政鼓励，并在专业基础设施方面进行投资，为这些企业劳动力培训计划提供一定的补贴，鼓励其做强做大形成白酒企业集聚氛围，为以后白酒企业集聚由政府主导转为市场主导夯实基础。

6. 其他建议

（1）建造中国白酒商品城、建设全国性的酒类交易市场，让全国白酒汇集宜形成白酒交易中心。

建设全国性的酒类交易市场包括四步：①建设白酒商品城建筑，将宜宾各白酒品牌汇集商品城；②汇集周边城市中、低端品牌；③汇集四川省内、西南地区高、中、低端品牌；④汇集全国和部分洋酒品牌。

（2）联合白酒企业建设白酒文化主题公园，弘扬白酒文化，积淀白酒文化。

（3）成立宜宾白酒产业集聚工作小组，负责白酒产业集聚战略的制定和实施。

（4）着力打造“中国酒都——宜宾”城市名片，让“中国白酒之都，中国白酒宜宾造”的观念深入人心。

（5）走“企业＋种粮梁专业户”模式，建设酿酒原料基地。

（6）建立宜宾白酒企业网，由白酒产业战略工作组通过定期的收集、分析、研究、发布酒类市场的各种信息，帮助企业及时掌握各类信息。

（四）战略关键要素

1. “中国酒都”品牌打造与推广

宜宾市发展白酒产业的最大优势在于五粮液，其他企业的发展要利用五粮液品牌效应的辐射。那么通过“中国酒都”品牌和“中国酒都优质白酒产品”原产地认证的模式，能较好地利用五粮液的力量。当然，在应用过程中要注意对五粮液品牌的保护，认证不能过滥。具体措施如下：

（1）建造中国白酒大厦，建设全国性的酒类交易市场，让全国白酒汇集宜宾形成白酒交易中心。建设全国性的酒类交易市场包括四步：①建设白酒商品城建筑，将宜宾各白酒品牌汇集商品城；②汇集周边城市中、低端品牌；③汇集川内、西南地区高中低端品牌；④汇集全国和部分洋酒品牌。

（2）白酒文化氛围浓郁的城市细节建设（包括酒文化公园）。

（3）“中国酒都”品牌推广。

（4）白酒行为文化（如独特而简单的饮酒习俗、敬酒仪式、五粮液酒杯等）的设计与推广。

（5）组织企业建立全国白酒行业协会。

2. 跨地区合作

与川黔地区泸州、仁怀等地合作打造世界白酒核心产区与世界白酒产业集聚。

3. 生态环境的保护

五粮液六大优势之首就是“独有的自然生态环境”，生态环境或者生态环境声誉的破坏都会给五粮液带来沉重打击。作为宜宾市的绝对支柱，五粮液理应受到宜宾市的大力保护。具体措施如下：

（1）化工、纺织、造纸等破坏环境的企业应尽快搬迁；

（2）宜宾市不宜对外过多宣传“纺织化工基地”、“能源基地”等有损“酒都形象”的产业定位；

（3）多宣传旅游业，“酒都”、“竹都”成为宜宾市城市定位基调，酒文化、竹文化成为宜宾市文化主旋律并形成良性互动。

4. 大力发展配套服务业，抢占先机

大力发展包装、物流等企业，并利用与川黔白酒产地的合作，迅速抢占茅台等企业的业务。茅台等企业在包装、物流等配套物资仍然全靠外购，这对宜宾是一个巨大机遇。

5. 小企业发展宜少不宜多

白酒行业的大趋势是行业集中度越来越高，加上产业政策的束缚，小企业未来的生存空间会越来越小。仁怀目前已在对无序发展的小作坊进行整顿、清理。

6. 建设全国白酒集散地

在中国酒都品牌打造的基础上，大力打造全国性白酒批发集散基地。建设全国性白酒展销市场，使宜宾市成为全国白酒集散地。

7. 由五粮液或政府牵头成立酒类投资担保公司

一方面可以给五粮液集团自身发展提供金融支持，提高资金使用效率；另一方面可以对其他酒类企业提供金融支持，促进产业发展，实现双赢。

8. 政府政策支持

政府出台财政、税收、土地等政策，激励宜宾白酒企业做强做大。

9. 鼓励跨地区竞争，吸引外资

鼓励外地白酒企业收购、兼并本地中小白酒企业，招商引资，吸引外地白酒企业在宜宾投资建厂或迁入宜宾

（五）小结

宜宾白酒产业的发展有着良好的实力和配套基础。宜宾白酒只要抓住消费者行为变化趋势，努力加强中国“酒都”品牌和与之配套的软硬件环境建设，加强二线品牌向一线品牌的转化。以合作、品牌化、集群化为指导思想，宜宾白酒产业就有希望在与泸州、仁怀等地的竞争与合作中占得先机，并取得共赢。

七、宜宾中小白酒企业品牌营销策略分析及对策建议

中国有 1 000 多家原酒生产企业，主要集中在四川省，形成了以成都平原邛崃、大邑、崇州、蒲江为代表的川西原酒和以泸州、宜宾为代表的川南原酒带。原酒业的发展经历了基酒销售、贴牌销售（OEM）和自创品牌开发三个阶段。

原酒的传统定义是“散酒”、“原料酒”，即在没有装瓶之前均可称为原酒。原酒产生于 20 世纪 80 年代末，兴盛于 20 世纪 90 年代初。但是，从整体来看，当前原酒市场由于国家税收政策调整和原材料价格上涨，使得利润空间越来越小，白酒行业进入“品牌竞争”时代，宜宾很多中小企业也走上了自创品牌开发之路。

宜宾白酒产业急需中小企业在品牌营销上有较大的发展。在比较短的时间内培育出一批杰出的二、三线企业和二、三线品牌，并在此基础上长期培养少数一线品牌。本案例希望通过对宜宾中小白酒企业营销策略的了解，对其在短期内进行品牌营销中遇到的市场定位不准、产品结构不合理、价格体系不完整、渠道不健全、缺乏促销手段等问题进行分析，通过市场细分、调整产品结构、优化价格组合、加强渠道建设、丰富促销手段等方法来解决问题。通过对中小白酒企业营销策略的分析研究，为中小白酒企业在进行自主品牌开发，制定营销策略时提供借鉴，促进原酒行业向规范化、品牌化发展。

（一）宜宾中小白酒企业营销现状及问题分析

1. 产品分析

（1）产品市场定位不准。市场定位是否准确决定着品牌的命运。金六福为什么能卖得那么好？有一点是可以肯定的，就是它的定位比较准确，目标市场明确。“中国人的福酒”把金六福与其他产品清晰地区分开来，让消费者清楚地知道金六福是一款“福酒”，产生买“福酒”就买金六福的感觉。

宜宾中小白酒企业在市场定位时，没有进行严格的市场细分，仅把产品笼统地定位在中低档市场，把目标消费群定位为农村消费者和城市普通消费者，没有清晰的品牌区分。

（2）地区差异导致口感不适。宜宾中小白酒企业的产品拥有较高的质量水平，很多产品被四川省酿酒协会、国家酒类质量管理鉴评中心评为优质产品。但我国是一个幅员辽阔的多民族国家，全国各地对白酒的口味与风格也不一样。宜宾中小企业推出的某些产品如“金潭玉液”在广东、福建等沿海市场就表现出消费者口感不适的问题，对产品占领市场产生了直接的影响。

（3）产品包装和设计。产品包装和设计要与其市场定位和品牌文化相符，既不能简单随便，亦不能太奢华。要结合企业文化和产品的特点，既要做到“新”、“奇”、“特”，又要控制包装成本。

宜宾中小白酒企业在产品设计和包装上面，简单模仿金六福、酒鬼酒、五粮液等企业的知名产品，使其埋没在名酒耀眼的光辉之下。

（4）产品结构不合理。产品的结构组合是否合理，这直接影响着一个品牌的推广。聪明的企业总是拿出最精良的产品推向市场。宜宾中小白酒企业产品在高、中、低端市场上没有形成严密的产品结构，系列产品多达几十种，没有高低主次之分，没能形成一两个盈利的拳头产品。

2. 价格分析

（1）定价不科学。宜宾中小白酒企业产品多数都在高、中、低档市场上全面开花，试图用一个品牌占领整个市场。

（2）价格控制松散。从价格控制策略来看，宜宾中小白酒企业普遍缺乏完整的价格控制体系，任由销售人员和经销商随意的操纵价格，导致全国各市场价格不一，极为混乱，由此引发的串货现象屡禁不止，严重阻碍了市场的健康有序发展。

（3）盲目涨价。2007 年五粮液和茅台掀起了一股“涨价风”，在白酒行业的一片“涨声”下，宜宾某些中小白酒企业所有产品出厂价格上调了 20%，结果导致销量下滑，被竞争对手乘机夺取了一部分市场份额。

成功涨价必须具备的条件为：一是稳定的市场基础；二是拥有高忠诚度的消费群；三是较高的品牌美誉度。中小白酒企业三个条件均不具备，就盲目跟风涨价，在涨价时机、涨价幅度、怎么涨上没有制定科学合理的涨价策略。

3. 渠道分析

（1）渠道建设，贪大求快。宜宾某些中小白酒企业通过大面积的招商，快速地完成了全国分销网络的建设。由于招商时对经销商没有进行严格的考核，后来出现了经销商“变心”或是将业务重心转移的现象。

（2）渠道管理松散，控制不严。对渠道的管理太松散，在招商结束后，只要经销商打了款、拉了货，就对经销商不闻不问，承诺的市场支持也不再兑现。厂商关系恶化，难以长久合作。对经销商缺乏必要的控制手段，经销商对公司的政策阳奉阴违，不予执行。

（3）队伍建设。宜宾多数中小白酒企业对办事处和销售人员的考核注重销售额和回款，导致团队中存在着严重的个人英雄主义，导致优秀业务员跳槽时，就面临市场瘫痪的危险。而且销售队伍大都在本地招聘，销售人员整体素质低下，销售队伍难以形成战斗力。

4. 促销分析

（1）促销目的和对象不明确。宜宾中小白酒企业通常在旺季和新品上市的时候，采用赠品、降价等方式对经销商促销，不对真正购买产品的消费者进行促销，并没有实现拉动终端消费的目的。

（2）缺乏有效的促销手段。宜宾中小白酒企业在促销策略上存在严重的跟从心理，别的品牌怎么做自己就怎么做，而消费者喜欢的却是那些有差异化、有个性、有内涵的商品。

（二）解决宜宾中小白酒企业营销问题的策略建议

1. 开发新产品，调整产品结构

（1）细分市场，准确定位。对白酒市场进行更严格准确的市场细分，建立目标市场，进行准确的品牌区隔，塑造出个性差异化的品牌。

宜宾中小白酒企业目前品牌资源、市场资源、人才资源都相对薄弱，应把产品定位在20～60元的中低档市场，把这一市场做深做透，当能量汇聚到一定程度再拉升做中档（100元左右）产品，在中档市场精耕细作，倾心打造出一片属于自己的市场天地，再逐步向高端市场发展。

五粮液和茅台价格的上涨，拉开了巨大的价格区间，给二、三线企业留下了发展空间。五粮液由于产品线收缩，中低档产品正逐步退出市场，留下了巨大的市场空间。中小白酒企业生产的五粮浓香型酒质量较好，且适合五粮液消费者的口味，把产品定位在中低档市场，可以抓住五粮液战略调整留下的机会。

（2）重视质量，开发新品，设计新包装。完善质量管理体系，狠抓质量不放松。对车间主任进行质量管理培训，他们才是质量管理的关键所在；开展质量评比活动，对生产优级酒多的车间予以奖励。

针对不同地区消费者的口感和饮酒习惯，开发适合当地消费特点的新产品，新品上市前要先对经销商和消费者进行口感测试，只有适合的才是最好的。

结合产品特点和品牌内涵设计新包装，既要高贵大方，卓尔不群，体现出差异化，又要节约包装成本。

（3）建立单品突破、多品跟进的产品结构。根据二八原则，20%的产品创造了80%的利润。鉴于公司资源有限，实力不足的情况，把资源集中少数主要产品上。减少利润低下或亏损的产品，培养年份酒这类利润空间大、有发展潜力的产品；开发新产品占领主推产品两翼价格区间，为拳头产品构筑起坚固的产品结构壁垒。通过产品结构调整获得抵御通货膨胀的动力，增强企业的盈利能力。

2. 科学定价，完善价格控制体系

（1）科学定价。价格是把双刃剑，稍有不慎就会伤到自己。要做到科学定价，就必须制定完整的定价策略。完整的定价策略包括：第一，要有明确的定价目标；第二，定价方针要与企业的整体营销策略相辅相成；第三，准确定价，一步到位；第四，确保成为定位价格带中领导品牌的可行性。

我国经济的快速发展，使白酒的消费出现了升级。城市白酒消费的主流价格在40～60元，农村白酒消费的主流价格在20～40元。中小白酒企业可以针对城市和农村主流价格带，设计两款不同的主推产品，分别定位城市市场和农村市场。

（2）统一价格，加强控制。制定全国统一的价格，包括统一的出厂价格和销售价格，建立完善的价格控制体系。改变以前任由销售人员自行调整出厂价的情况，这既有利于价格的控制，又可以减少厂家和经销商之间的矛盾，树立诚信的企业形象。对串货的经销商予以处罚或取消其资格，实行统一的销售价格是解决串货最有力的武器，还可以起到规范市场的作用。

3. 加强渠道建设，制胜终端

（1）圈定区域，建立“根据地”市场。宜宾中小白酒企业要树立“兔子专吃窝边草”的营销思想，把渠道建设的重点放在家门口的四川市场，集中公司优势资源精耕细作，建立起牢固的“根据地”，再逐步向全国市场扩张。

（2）渠道重心下沉。将销售渠道由金字塔式向扁平化方向转变，建立短而快捷的销售渠道。渠道变短，既能快速准确的传递信息，又增加了销售网点，从而增加产品的销量，还增强了企业对渠道的控制力。

将渠道建设的重心由大城市转移到地区、县级市场，以终端市场建设为中心。改变以往由几个经销商来辐射整个省级市场的情况，以区、县为中心设办事处，做好县级、乡镇级、村级市场。因此，结合中小白酒企业的具体情况，集中精力对四川市场分区而治，各个击破，最终建立覆盖全省的销售网络。

（3）建立伙伴型厂商关系。经销商之所以会变心，是因为经销商是一个独立的经营实体，以追求个人利益最大化为目标，甚至不惜牺牲厂商的整体利益。

建立伙伴式销售渠道，实现厂家与经销商一体化经营，使分散的经销商形成一个整合体系，实现厂家对渠道的集团控制。厂家与经销商通过联合促销、信息共享、培训等多种形式的合作，实现大家的共同目标，达到双赢或多赢的目的。

（4）纳贤育才，加强队伍建设。人才是企业的核心竞争力，中小白酒企业必须建立一支高素质、高效率的营销团队，才能在竞争中取胜。

建立科学完善的人才引进机制和考核制度，并为人才创造良好的工作生活环境，改变“人才难找，更难留”的情况。既要引进人才，更要从内部培养人才，注重人才培养工作。加强销售队伍的管理，以办事处业绩和个人业绩加权的方式对销售人员进行综合考评，通过基本工资加业务提成和年终奖的形式健全激励机制。

4. 集中优势，搞好促销

（1）集中广告，逐个击破。制作一套有深刻的品牌文化的广告片，体现出产品的卖点，和竞争对手的产品区隔开来。

把四川市场划分为几个广告投放区域（如川南、成都、川北），然后集中公司的广告资源，采取电视、广播、杂志广告（DM单）、路牌、墙体等广告手段，对划定的区域集中投放广告。在该区域成功后，再对其他区域逐个投放广告。

（2）促销手段多样化、专业化。在促销手段上除了赠品、有奖销售外，还应该根据细分的市场特点创新促销手段，做到促销手段多样化。可与地方电视台进行合作，电视台以广告和渠道资源入股，展开联合促销，公司可借联合之力快速接近消费者，扩大销量，媒体也可以增加收入。要明确促销的目的和对象，以此来制定不同的促销策略。

5. 积极应对，改善政治环境

（1）合法经营，正常纳税，为地方政府解决就业困难问题，争取地方政府对企业的支持。为企业发展创造良好的政治环境，提高企业形象，带动团购业务的增长。

（2）根据政策的变化，及时调整公司的营销战略。在中国，政府对于经济活动的干预的程度是非常高的，因此，必须及时调整公司的营销战略，以适应政策的变化，减少政策法规变化给企业带来的负面影响。

（3）运用现代化的营销手段，提升企业和品牌形象。

6. 找准平衡点，兼顾各方利益

（1）要树立现代公共关系营销观。要想完美的协调好各方关系，建立良好的企业形象和信誉，就必须树立现代公共关系营销观念。

（2）成立独立的公共关系部，引进公共关系管理人才，加强对公共关系的管理。中小白酒企业之所以没能处理好公共关系，在于缺乏专门的部门统筹规划，没能制定切实可行的公共关系营销策略，更缺乏具有现代公共关系营销观念的管理人才。

（3）要兼顾各方利益，找准各方利益的平衡点。与经销商建立伙伴型关系，在市场开发、渠道建设、联合促销等方面加强协作，实现和谐双赢发展。处理与地方政府和社会公益的关系时，通过建希望小学、修桥铺路等树立良好的企业形象，在展地方经济，造福社会的同时，也要兼顾企业利益，只有企业不断发展，才能作出更大的贡献。

（三）小结

本案例通过对宜宾中小白酒企业营销策略的分析研究，看到了其营销过程中的一些问题，这些都是原酒企业在营销过程中普遍存在的问题。原酒企业在生产规模、质量、原酒销售专业渠道等方面拥有优势，如何利用这些优势来克服其遇到的问题，是宜宾中小白酒企业能否在“自创品牌”道路上走得更远的关键所在。当然，本案例仅对中小白酒企业的营销策略进行分析，未对外部环境和内部管理进行分析，所作的对策有一定的局限性。

思考与讨论

1. 请以宜宾某中小白酒企业为对象，对其进行SWOT分析。
2. 如何看待五粮液与宜宾其他中小白酒企业之间的关系？
3. 查阅资料，谈一谈白酒企业的品牌化之路。
4. 五粮液与宜宾其他中小白酒企业应分别采用什么样的竞争战略？
5. 政府在宜宾白酒产业集聚中应充当什么角色？
6. 宜宾领跑“白酒金三角”的战略路径应如何设计？

参考文献

[1] 史忠良．产业经济学［M］．北京：经济管理出版社，1998.

[2] 朱永华．中小企业集群发展与创新［M］．北京：中国经济出版社，2006.

[3] 王少华．中国白酒行业产业组织分析［D］．上海：上海财经大学，2006.

[4] 龚绍方．关于中原城市群旅游产业集群发展的实证研究［J］．河南大学学报：社会科学版，2008（3）.

[5] 杨波．宜宾白酒产业发展战略思考［J］．宜宾学院学报，2009（3）.

案例二 战略性企业设计："郭大良心"豆腐干

尹超 杨波

中国有很多传统产品，它们承载了我们的文化。这些产品一般采用传统工艺制作，用料考究，做工精细，声名远播，深受消费者欢迎。这些企业都具有共同的特点：以传统工艺为主进行生产，产品品质与传统工艺密切相关；传统工艺的生产效率较低，制约企业的规模化发展。在现代社会这些传统产品却面临着巨大的挑战：传统工艺阻碍其规模化发展。因此，传统产品面临着采用现代技术的竞争者的大规模制造的低成本、高市场占有率的强力竞争。虽然这些传统产品由于良好的声誉和产品质量能够在市场上立足，并获得一定利润，但它们的继续发展却似乎碰到了瓶颈，怎么规避这些问题获得更大的发展空间成了这类产品面临的共同问题。本案例试图以南溪"郭大良心"豆腐干的发展为例对这一问题进行探讨。

一、"郭大良心"豆腐干的由来

南溪豆腐干的创始人郭显清，人称"郭大良心"，南溪人。清朝末年，他在南溪东街开酒店，开始制作豆腐干。到抗日战争时期，中央研究院、中央博物院、中国营造学社、金陵大学、文科研究所、国立同济大学等十多所高等学府和科研机构，为躲避战乱，纷纷迁往宜宾李庄。而当时的李庄又隶属南溪县，一时间南溪县内文人荟萃，南溪豆腐干也在这时被更多外地人所知，郭显清也将自己的作坊迁至南溪中正街，专营豆腐干生产、销售，创立“郭大良心明丽”公司，刻有公司“郭大良心明丽公司”印章。

“郭大良心”豆腐干是当时南溪3个豆腐干民间制作坊之一，占据了很大的市场份额。“郭下良心”豆腐干不仅生产的豆腐干货真价实，还经常资助当地一些贫苦群众，因此南溪人都称郭显清为“郭大良心”。于是郭显清灵机一动，于是成立了“郭大良心明丽”公司。

郭显清之子郭道福，从小跟随父亲制作豆腐干，深得真传，公司印章也由他继承。郭显清去世时，正处于“文化大革命”期间，郭道福前往东北当知青，返城后他开始重操祖业，加工、制作、销售南溪豆腐干。

2007年，“郭大良心”南溪豆腐干传统手工技艺先后成功列入宜宾市和四川省非物质文化遗产名录；2009年，郭道福被评为市级和省级非物质文化遗产南溪豆腐干制作工艺代表性传承人；2009年1月，“郭大良心採铃牌”南溪豆腐干申报四川“老字号”获得成功。

“郭大良心”豆腐干祖传的手工制作工序包括泡、磨、煮、滤、点、包、压、卤、烘9道工序，每道工序又有许多技术要领和操作规范，里面有不少奥秘，比如，如何调配卤水，便有祖传秘方，是调制豆腐干味道最关键的一个技术。

二、“郭大良心”豆腐干的现状及发展瓶颈

（一）“郭大良心”豆腐干的现状

宜宾市南溪县郭氏明丽食品有限公司成立于2010年，是私营有限责任公司，主营产品是豆腐干，经营品牌採铃牌“郭大良心”豆腐干，年营业额100万~250万，员工人数11~50人。

郭氏明丽食品有限公司以前的老作坊在滨江广场河边，由

于生产环境比较简陋，因此，未能拿到政府的生产资质。2010年10月，郭氏明丽有限公司在罗龙工业园区租了5亩地的厂房，成立了新的生产基地。在罗龙工业园区申请了厂房之后，办理了所有的市场准入资质，2011年试生产，第一年的产值只有200多万。生产几乎全部是手工制作，只是在细节方面做了一定的改进，如用电动推磨取代牛推磨，用天然气取代柴火煮浆，用螺杆代替吊杆压榨。

虽然郭氏明丽有限公司在技术上较以前的传统生产有所改进，但是这种改进后的技术仍然是落后的，只是相对于传统生产技术有所进步，其本质上仍然是一个手工工艺生产企业，机械化程度很低。这导致企业的生产规模受到很大的限制，"郭大良心"豆腐日产量只有500多千克，而且需要用40多个工人来生产，企业规模有限，这进一步导致了后续许多问题。

规模小的直接原因来自于企业机械化程度较低，全部是手工操作，无法形成一个统一的标准，且随着劳动力成本的不断增加，使得企业的直接劳动成本、管理成本、采购成本与销售成本较高。企业为了生存和获得利润，必然以高于成本的市场价格进行销售，这就导致"郭大良心"豆腐干的市场价格昂贵，1千克手工豆腐干要100~120元钱。

"郭大良心"豆腐干采用传统手工工艺、祖传的独特技艺和配方，精选用料，特别是精选纯天然的香辛料。鸡肉豆腐干和牛肉豆腐干的制作过程是把肉煮熟，弄成肉末掺和在豆花里面包成豆腐干，而其他一些企业生产的牛肉豆腐干和鸡肉豆腐干是用牛肉香精和鸡肉香精。"郭大良心"豆腐干的传统工艺使得豆腐干的口感较好，深受消费者的喜爱，在消费者中口碑良好，被确定为豆腐干的高端产品。

（二）竞争对手的现状

"郭大良心"豆腐干的主要竞争对手就是徽记的"好巴食"豆腐干。四川南溪徽记食品有限公司创建于2003年8月8日，公司注册资本金350万元，工业用地108亩（其中大观镇新添占地10亩，南溪县九龙工业集中区异地扩能技改占地98亩），目前已修建五条豆腐干生产线同时建有科研大楼、职工食堂、职工宿舍、原材料库房、成品库房、产品展示厅、污水处理站等配套设施，日产量可达35吨以上。徽记公司是川南片区豆制品行业产能最大、经济效益较好的私营企业。截至2008年9月30日已完成产量9 000吨，实现产值1.2亿元，比2007年同期增加产量5 000吨，增加产值0.7亿元。徽记公司现有固定资产3 074万元，企业员工1 118人，生产“好巴食”牌豆腐干17个口味，50多种规格，产品供不应求，销往全国各地并出口欧美市场。

表2-1　郭氏明丽有限公司与徽记食品有限公司对比

企业	郭氏明丽有限公司	徽记食品有限公司
生产工艺	传统手工工艺（传统手工技艺先后被列入宜宾市和四川省非物质文化遗产）	现代机械化生产线生产
日产量	500多千克	80~100千克
每千克价格	100~120元	26~44元
品牌	“採铃牌”（四川老字号）	“好巴食”知名品牌
产品在市场中的地位	豆腐干中的高端产品	普通产品
企业实力和规模（占地面积）	4亩	108亩
员工	几十人	1 118人
产值（2010年）	200多万元	8亿元

2010年，徽记食品有限公司面对生产能力不足，原材料涨价，生产成本增加的严峻形势，毅然更新设备，采用新工艺，

使公司豆腐干日生产能力由2009年的不足40吨提高到了80吨，公司年产豆腐干5万多吨，产值首次突破了8亿元。在新疆、内蒙古、四川等地建立起几十万亩优质原料生产基地。

徽记食品有限公司为提高"好巴食"南溪豆腐干生产规模和生产量，对原有的南溪豆腐干厂进行改造并新建大型优质豆干生产线及配套设施，预计扩建完成后日产量达到100吨。徽记"好巴食"豆腐干价格最便宜的1千克26元，最贵的1千克40多元，绝大部分豆腐干的价格每千克28~36元。

（三）"郭大良心"豆腐干的发展瓶颈

"郭大良心"豆腐干的最大优势在于传统工艺制造出来的绿色食品，不含防腐剂、食品添加剂；手工制作的食品文化。经过100多年的品牌沉淀，"郭大良心"豆腐干老作坊传统工艺的品牌形象在消费者中已经根深蒂固了。但这种传统工艺文化却也限制了郭氏明丽有限公司生产方式的创新，使其很难大规模采用现代机械化生产方式。因为一旦用机械化生产导致失败，对"郭大良心"豆腐干品牌将是毁灭性的打击。

"郭大良心"豆腐干的传统手工生产方式直接导致企业生产规模和生产能力受限，生产效率低下。"郭大良心"豆腐干采用手工工艺生产，一天只能生产500多千克，而且需要用40多个工人来生产，企业的生产能力和生产效率极其低下。

由于"郭大良心"豆腐干生产规模较小，产量较低，就使得企业不能形成规模经济和规模效益。企业直接人工成本较高，单件产品所摊销的固定成本昂贵，管理费用高，采购成本和销售成本等较高，这就导致企业的生产成本和管理成本相对于机械化生产高出很多。

在价格上，"郭大良心"豆腐干要比南溪的其他豆腐干生产厂家制作出来的豆腐干贵1~2倍，在价格上面没有任何优势，消费者接受起来有很大的难度。虽然在宜宾和南溪有一定的知名度，很多消费者愿意购买郭氏明丽有限公司的高端产品，但是在外地，由于缺乏文化认同，很多消费者对“郭大良心”豆腐干的质量和口感是非常认可的，但是对其价格则根本不能接受，这导致郭氏明丽有限公司在外地的销售额较低。

“郭大良心”豆腐干为了应对目前所处的困境，想扩大生产规模，提高产量和生产能力，降低成本，降低市场价格，就必须采用机械化生产。而机械化生产的前提就是要标准化，而这势必对传统生产工艺进而对企业品牌形象产生负面影响。郭氏明丽有限公司处于传统保护与规模化发展的两难困境。

三、“郭大良心”豆腐干发展对策

面对两难选择，郭氏明丽公司应如何转变才能使得企业不断发展壮大，在激烈的竞争中立于不败之地呢？下面从不同的视角对此进行分析并提出相应的对策建议。

（一）战略视角

战略性的企业设计是推动企业利润持续成长的基本途径。我们认为“郭大良心”豆腐干应采用多成分盈利模式作为其战略选择。

多成分盈利模式是由基本成分加利润成分组成，实施关键在于对产品运作中基本成分和高利润成分的识别与把握。基本成分是建立知名度，形成客户群的基本途径，而高利润成分是企业获利的重要来源。企业的着重点应该在于如何通过两种成分的内在关联和互动来保持企业盈利的持续成长。

基本成分的作用在于扩大整体规模，降低整体成本。利润成分是指能够给企业带来高额利润和塑造品牌形象的那一部分产品，企业的盈利主要来自于这一部分产品。但是只生产利润成分的这一部分产品，企业是不能够生存的，至少是不能获得发展的。因为这一部分产品销量有限，规模有限，生产成本较高，价格昂贵，消费者接受程度低。如果没有基本成分作为支撑，企业的市场份额就较小，就不能给行业设置较高的进入壁垒。迟早竞争者会蚕食企业的利润成分所占据的市场。

基本成分要求以机械化生产扩大产量，相应地，产品品质会降低，会影响到利润成分。因此，就需要在基本成分和利润成分之间进行协调，采用两种成分并存的方式。利润成分采用传统包装，传统工艺；基本成分则是一种新产品，采用现代包装，现代工艺。两个产品两种模式，协同发展，互相促进。那么两种产品应该如何协调呢？这需要从品牌管理的视角进行分析。

（二）品牌管理视角

品牌是企业的无形资产，良好的品牌形象可以提高消费者对产品的认同度和购买度，增加销售量，降低销售难度和销售成本。

在品牌管理中，为了充分利用品牌的效益，常常把已经在消费者心目中树立起的良好美誉度的品牌向新产品延伸，以期望能产生一种协同带动效应，使新产品能很快被消费者认识，从而大量节约为推广新产品而需要的广告、公关和促销等投入，节约新产品进入市场的费用，降低销售成本，并且保证新产品上市的成功率。同时，这种品牌的延伸还可以丰富原有品牌的内涵，给原有品牌注入新的活力，提升原有品牌的价值。

虽然品牌的延伸有如此多的好处，但是不恰当的品牌延伸不但不能为新产品的推广立下功劳，而且还会殃及原有品牌的声誉，降低原有品牌的美誉度，失去消费者对品牌的信任，尤其是把高端产品品牌移植到中低端产品中，如果延伸不善就会丧失原有品牌的高端定位，损害原有品牌形象。尤其当新产品在市场中失败了，这可能对原有品牌是致命伤害。

"郭大良心"豆腐干的品牌形象就是手工生产，代表着豆腐干行业的高端，也是郭氏明丽有限公司最大的资产，如果一旦打上机械化生产的烙印，其手工生产的品牌形象就会消失，豆腐干的食品文化也就不存在了，往日的高端产品形象也就变成了普通的豆腐干食品了，这对于“郭大良心”这个品牌将是一个致命的危害，这种品牌的辐射注定是会失败的。它不仅不利于新产品的市场推广，而且还会损害原有品牌的形象。因此“郭大良心”豆腐干不适合于让高端品牌向中低端产品延伸和辐射。

因此，就需要采用两条产品线，两种品牌来经营。第一条产品线采用手工工艺制作，生产“郭大良心”这个品牌的豆腐干，保持原有的生产工艺，走行业高端路线；另一条产品线用机械化生产，采用先进的设备和生产工艺，提高生产效率，增加产量和生产规模，但是必须开发出一种新的品牌，而不能利用“郭大良心”这个品牌进行生产，以保护原有品牌不受损害。两种品牌定位不同，营销策略不同，形成良性互动。

为了宣传原有品牌的形象，可以采用前店后厂的方式突出高端产品的生产过程和工艺。消费者能够在前面购买到企业的产品，在后面能够参观到企业产品的一整套工艺流程，这种模式把生产和销售的距离缩短了，让消费者参与其中，明白企业的生产，以保持原有品牌在消费者心目中的良好形象。

目前，郭氏明丽有限公司在品牌上还存在一个问题，公司的名称和公司产品的品牌的不一致性。这是由于“郭大良心”品牌被人抢注了，这对企业来说是一个非常大的威胁。企业应加大在宣传中的力度，提倡购买正宗的“郭大良心”豆腐干，预防假冒产品，并且要开发出品牌的防伪标志，以供消费者辨认。

当然，两种品牌的良性互动还涉及如何对生产过程与工艺进行重新涉及以最大程度上降低高端产品的成本，提升低端产品的品质，从而使得企业经营水平整体得到提升。这需要从生产与运作的视角来分析企业生产过程和工艺的改进。

（三）生产与运作视角

企业为了降低成本，必然扩大生产规模，实现标准化生产，但是标准化生产不能满足消费者的个性化需求。为了解决上面的难题，我们认为可以采用"备货订货分离"的生产组织方式，企业可以根据自己的情况，选择"备货订货分离点"，既达到规模化生产又能很好地满足消费者的个性化需求。

"郭大良心"豆腐干生产工序包括泡、磨、煮、滤、点、包、压、卤、烘9道工序，每一道工序在生产过程中的重要程度和对消费者个性化需求的满足情况方面都有很大的区别。有些工序直接就决定了最终产品的个性化、品质和"郭大良心"豆腐干的定位，本案例称之为关键工序。而有些工序仅仅是为了满足生产过程的需要，这些工序对最终产品的个性化影响较小，甚至没有什么影响，本案例称之为基本工序。

这两类工序的交接处就是分离点，对这两类工序的处理方式和生产方式就应该区别对待。对于基本工序，企业应采用现代机械化生产设备，提高生产效率；而对于关键工序，企业应保持传统手工工艺，通过增加关键工序工人数量，弥补这些薄弱环节上的规模和产量，以最终达到整条生产线的平衡，实现规模效益。

这种对生产过程进行改进的方式，既能达到生产规模的扩大，又能保持原有的品牌形象，能把机械化和手工生产很好地结合，把标准化和个性化有机结合。

四、结论

对于郭氏明丽有限公司这样的传统产品经营企业，他们以传统工艺为主进行生产，产品品质与传统工艺密切相关；传统工艺的生产效率较低，制约企业的规模化发展。面临着既要扩大生产能力而又要保持产品形象的两难困境，为了扭转这种局势，在战略上，通过形成基本成分加利润成分的多成分利润格局，实现手工生产和机械化生产的结合，规模与利润的协调；在品牌管理上，采用两条产品线，两种品牌来经营，分别对应基本成分和利润成分；在生产的组织上，区别对待两类工序，对于基本工序，企业采用现代机械化生产设备，提高生产效率，而对于关键工序，企业应保持传统手工工艺，通过增加重要工序工人数量，弥补这些薄弱环节上的规模和产量，实现规模经济。

思考与讨论

1. 郭氏明丽公司应从徽记学习什么？

2. 如何看待“基本成分＋利润成分”的战略性企业设计？用其他设计模式可以么？

3. 查阅资料，如何在利润成分上实施“前店后厂”的销售模式，这种模式的优点是什么？

4. 本案例中品牌管理、生产管理如何与战略设计配合？

参考文献

[1] 陈荣秋，马士华. 生产与运作管理 [M]. 北京：高等教育出版社，2005.

[2] 迈克尔·波特. 竞争战略 [M]. 陈小悦，译. 北京：华夏出版社，2005.

[3] 菲利普·科特勒，加里·阿姆斯特朗. 市场营销原理 [M]. 13版. 北京：清华大学出版社，2011.

[4] 马歇尔. 经济学原理 [M]. 宇琦，译. 长沙：湖南文艺出版社，2012.

[5] 郇义钧. 企业经济效益学 [M]. 北京：中国财政经济出版社，1999.

[6] 陈放. 品牌学 [M]. 北京：时事出版社，2002.

[7] 王永龙. 21世纪品牌运营方略 [M]. 北京：人民邮电出版社，2003.

[8] 黄江松. 品牌战略 [M]. 北京：中国金融出版

社，2004.

[9] 丁家永．试论品牌管理理论发展与战略品牌管理[D]．南京：南京师范大学，2007.

[10] 孙珂．企业规模与经济效益 [J]．上海企业．1994 (10).

[11] 倪明军．企业品牌管理探讨 [J]．经济视角（下），2009 (1).

[12] 徐坤，徐炎．战略品牌管理 [J]．当代经理人，2001 (6).

[13] 包文杰．论中小企业的战略管理 [J]．经营管理者，2009 (1).

[14] 白玉凤．浅谈中小企业战略管理 [J]．商业文化，2009 (9).

[15] 王振楚．论我国中小企业的战略管理 [J]．长沙大学学报，2008 (6).

案例三　标杆分析：日本 FCC 株式会社发展模式与重庆摩配行业

杨波　刘伟

重庆摩托车配件行业（以下简称摩配行业）在经历了一段黄金时间之后逐渐走向衰退，这里有市场结构发生变化的原因。但是与此同时，日本 FCC 株式会社（以下简称 FCC 公司）却仍然保持着强劲的发展势头，这让我们不得不思考其中的原因。本案例试图分析 FCC 公司成功的原因并给重庆摩配行业提供一些参考意见。

一、FCC 公司概况

日本 FCC 株式会社创立于 1939 年，是生产摩托车离合器和汽车离合器的一家专业公司，拥有世界级专业水平的开发技术和生产技术。目前在全世界有 23 个生产和销售机构，资产总额接近 10 亿美元。

FCC 公司的经营理念是用世界领先的离合器技术为全球服务（Clutch Technology for the World），其基本策略是在有需求的地方生产，根据需求量生产（Manufacturing at the Site of Demand）。

FCC 公司的全球体系的建立。从 20 世纪 90 年代开始，FCC 公司加快了其全球扩张的速度，特别是东南亚是 FCC 公司扩张的重点。

FCC公司的客户集中化。FCC公司生产的摩托车离合器、汽车离合器及其他产品多与本田公司产品配套（见图3-1）。在中国，FCC公司的摩托车离合器主要是配套于五羊—本田（WY125、WH125、SCR100）、天津本田（TH90、AME100）、新大洲本田的产品，包括100cc~250cc的摩托车和踏板车的配套离合器。

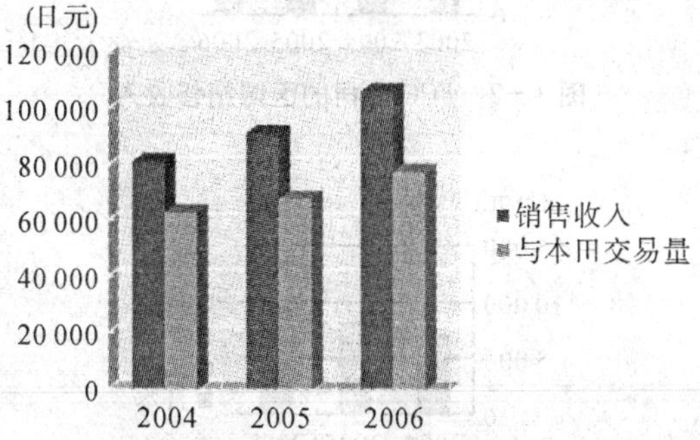

图3-1　FCC公司销售收入中本田公司占了73%以上

本田公司持有FCC公司20.66%的股份，是FCC公司最大的股东，也是公司最大的客户。FCC公司与本田的交易量占到FCC公司年度纯销售收入的73%以上。通过与本田公司在资本、技术、产品和人力资源等方面的全方位合作，使得FCC公司获得了稳定的发展。

FCC公司的高质量。以生产流程标准化、生产技术标准化、生产环境标准化（温度、湿度）等保障产品的高质量。

FCC公司的低成本。以技术研发、全球化生产（当地生产战略）、生产规模等措施保证低成本。

FCC公司的各种零部件以及某些生产设备的自制。加强自制体系的建设，以取得低成本和高质量。

FCC公司的市场。亚洲特别是中国是FCC公司最主要的市场。亚洲市场的增长速度远大于其他地区的增长（见图3-2），是 FCC 增长的主要贡献区域，也是其亚洲扩张战略的结果（见图 3－3）。

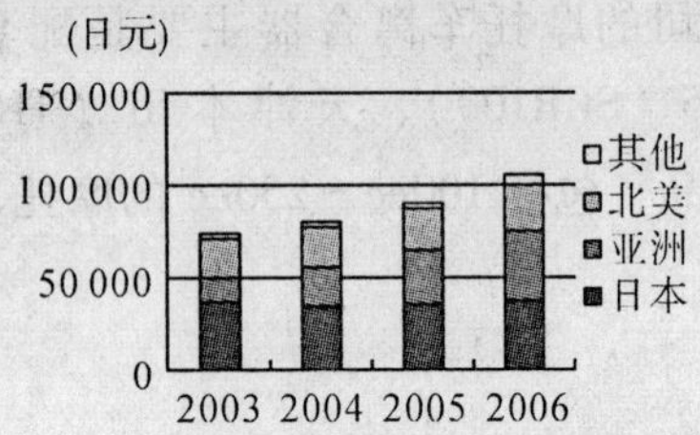

图 3－2　FCC 公司的区域销售收入

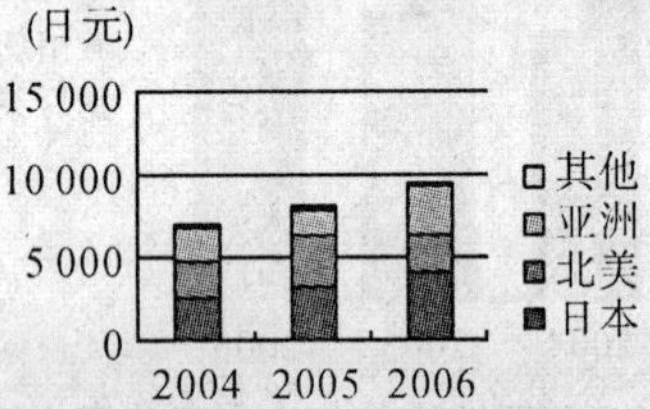

图 3－3　FCC 公司的区域投资

日本本土市场基本饱和，因此其国内投资主要是 R&D 及其相关部门。其他地区投资主要是固定资产。在这种情况下低附加值的亚洲市场盈利主要是靠高生产能力和低成本。

二、标杆分析

我们尝试用麦肯锡 7S 战略评估模型分析标杆企业 FCC 公司（见表 3－1），并与重庆摩配企业进行对比，以此发现重庆摩配企业的问题。

表 3－1　　麦肯锡 7S 战略评估模型

	FCC 公司	重庆摩配企业
战略	离合器全球化制造	中国市场为主，国外市场为辅

表3-1(续)

	FCC公司	重庆摩配企业
结构	本田公司持有FCC公司20.66%的股份，是FCC公司最大的股东，治理结构完善	个人股东为主，治理结构较完善
员工	业内公认职业经理人队伍	员工素质较高，但团队效率较差
技能	很强的计划能力；质量管理、基础管理能力很强；有品牌优势	客户关系有一定优势，具有一定国际市场经验；质量控制能力较差；基础管理能力较差；没有品牌优势
系统	强调规范化、数字化、成本管理	职能强化、流程弱化
风格	客户导向型	任务型
共享价值观	用世界领先的离合器技术为全球服务（Clutch Technology for the World）	企业文化不明显

此外，FCC公司与重庆摩配企业相比还具备以下一些特点（见表3-2）。

表3-2　　FCC公司的一些其他经验

	FCC公司	重庆摩配企业
产品线	摩托车离合器为主、汽车离合器及其他产品为辅	摩托车离合器
质量体系	生产流程标准化；生产技术标准化；生产环境标准化（温度、湿度）	标准化程度差
成本控制	技术研发；全球化生产（当地生产战略）；生产规模；生产设备自制	技术研发几乎没有；区域生产；没有达到经济规模；设备外购

表3-2(续)

	FCC 公司	重庆摩配企业
研发主要方向	摩擦材料；开发离合器新产品；协同开发+整车匹配能力；工艺改善+设备研制	新产品
研发费用	每年增加约10%，累计投入1 070万美元	
客户	本田是公司最大的客户。2006年FCC与本田的交易量占到FCC公司年度纯销售收入的73%	客户分散化，优质客户少

三、对重庆摩配企业的建议

通过以上分析，我们认为FCC公司的经验主要表现为以下几个方面：

第一，依靠自己的研发和生产体系取得竞争优势。

第二，与本田的战略联盟关系仍是其快速发展的主要力量。

第三，积极开拓新的销售网络取得很好的业绩。

FCC公司的发展模式对重庆摩配企业有很大的借鉴意义，为此我们提出以下建议：

1. 客户集中化

FCC公司的一个重要特点就是客户对象非常集中，本田作为其战略客户与FCC公司形成了良好的共生、共赢的关系。重庆摩配企业无不是客户分散化的经营模式。这样表面看起来可以得到一个比较高的总市场份额。但是由于摩托车行业产品的多样化和个性化特点，使得摩配企业的产品种类非常多，单品种产品都很难达到规模经济。这不利于企业生产稳定和质量保证，另外也使得企业不能对重点客户进行重点服务，优质客户逐渐流失。所以，重庆摩配企业首要的任务就是对众多客户进行重点管理，可以考虑运用 20/80 原则进行分类，即占企业销售收入 80% 的客户为重点客户。远期还应该重点考虑与某些具有优势的企业（如雅马哈，铃木等）建立战略合作伙伴关系。

2. 产品集中化

在客户集中化的基础之上，减少产品状态，形成单品种的规模经济。

3. 优化区域市场结构

当前全球摩托车行业的发展主要在亚洲特别是中国和东南亚地区，FCC 公司近年来的发展重心主要就在亚洲。欧美市场虽然成长性不好，但由于其需求都是高端产品，利润率较高，且具有消费示范作用，所以长期来看，要树立良好的品牌形象，获得稳定的利润，欧美市场也是很重要的。重庆摩配企业在中国市场上有着独特的优势，应牢牢把握这一优势，以中国市场为基础，通过加强基础管理提高产品质量，降低成本，提高利润水平；以东南亚市场为发展重点，积极开拓，以优势产品强占市场，获取较高市场份额和利润；远期与国际大客户结成战略联盟开拓欧美市场。

4. 与客户进行协同开发

摩托车行业的产品开发变化很大，只有与客户进行协同开发才能保证与客户产品更好的匹配。

5. 加强基础管理

重庆的摩配企业基本上都是民营企业，在基础管理上还十分欠缺，这导致产品质量和成本控制都比较差，这使得企业缺乏竞争力。通过加强标准化等基础管理，优化企业管理流程提高产品质量，降低成本。

6. 加强研发力度

重庆摩配企业在新产品开发上普遍存在着盲目开发的现象，对开发成本不能进行很好的经济分析，导致研发工作浪费与低效率并存。

7. 关键零部件自制

重庆摩配企业很少有零件自制，使得企业对供应商依赖性很大，加上由于企业产品种类过多，导致采购工作难度很大。所以，有必要对一些重要零部件进行自制，缓解采购的压力，使生产更顺畅。

8. 提高计划水平

重庆摩配企业目前在采购上很大一个问题就是计划水平太低，企业的生产计划不准确，经常调整，使得采购难度加大，甚至经常出现停工待料的情况。

思考与讨论

1. 查阅资料，如何看待 FCC 公司与本田的合作关系？

2. 在对重庆某摩配企业访谈时，咨询顾问发现了下述现象：生产车间经常停工待料；工人流动率高；产品质量波动很大，最差时合格率只有70%；营销部门抱怨质量影响销售，客户不重视本企业；采购部门抱怨上游供应商（如弹簧片）不重视本企业；生产部门抱怨采购部门的原材料不能按生产需要保证供应；生产总经理抱怨工人素质低，在车间打牌；工人抱怨经常加班。如何看待上述现象及其之间的关系？企业的主要问题在什么地方？

3. 重庆摩配企业应向 FCC 公司学习的最重要的东西是什么？

参考文献

[1] 周柏林，刘琴．把握实施标杆管理的关键点 [J]. 管理观察，2008 (16).

[2] 范文．船舶制造企业的标杆管理初探 [J]. 现代商业，2008 (26).

[3] 江思华．用标杆管理研究企业产品战略 [J]. 管理观察，2008 (11).

大书“真实降价，反对提高价格后再打折”，让消费者认为美的是假降价。美的则按部就班地推进促销活动，并在人员推销中以比较最终售价为杀手锏，但由于部分消费者受到格力宣传的影响，当日美的和格力都有一定销量，双方暂时未分胜负。2009 年 3 月 1 日星期日，也就是促销活动的最后一天，格力没有新的应对措施，而美的发现仅仅宣传打折容易被格力利用，改将多款特价机的折后价直接标示，平均一台空调的价格要比格力低 10% ~15% 左右，消费者不需要复杂的打折计算就可以直观地得出结论：美的空调比格力便宜。加上又是促销活动的最后一天，前一日已经比过价的消费者开始出手，美的空调销量大幅攀升。美的空调在此次促销活动中大获全胜。

六、评论

此次促销活动，美的、格力均展现了成熟的商战能力，在你来我往中杀得难解难分。美的空调充分利用了“悬疑促销”的优点：一方面，利用消费者的好奇心理，制造活动氛围；另一方面，颠覆以往促销活动 2 天宣传，7 天促销的模式，以 7 天宣传，2 天促销的方式，让竞争对手来不及反应。

以实战来看，格力很大程度上预料到了美的的促销方式并提出了应对方案，但由于时间太短，区域销售公司在价格权利上没有达到美的促销幅度要求的水平，未能将价格调到与美的相当的水平，在价格上始终没有真正形成竞争力，被美的抓住价格利器，在促销活动中失败。

此次美的空调淡季促销活动是建立在美的对市场现状有充分正确的认识之上的。美的认识到当前消费者的潜在需求是存在的，只是被经济危机和降价预期压抑。而如果等到全行业整体降价时，市场份额必将被其他厂商抢去大部分。所以，美的空调主动出击，以悬疑促销的形式，打了所有的竞争对手一个措手不及。通过大力的促销活动，使得美的空调及其经销商消化了大部分由于经济危机而形成的库存，为夏季旺季销售做好了准备。但是，此次降价行动很可能提前引起空调厂商的价格大战，一些中小空调厂商将面临重新洗牌而出局的危险。

思考与讨论

1. 查阅资料，此次空调大战的宏观环境是怎样的？

2. 此次空调大战两大企业的战略意图是什么？

3. 格力落下风的原因是什么？更好地进行战略实施需要做好哪些基础工作？

参考文献

[1] 菲利普·科特勒，营销管理 [M]. 11 版. 梅汝和，等，译. 上海：上海人民出版社，2005.

[2] 杨明刚. 市场营销策划 [M]. 北京：高等教育出版社，2002.

案例五　治理结构：鑫鑫电力公司

杨波　邱在琴

自2002年国务院正式出台电力体制改革方案以来，我国电力行业就实行以厂网分开、政企分开、打破垄断、引入竞争、提高效率、促进发展、构建公平竞争、开放有序的电力市场体系为总目标，进行了大刀阔斧的改革。在这样的环境下，电力企业卷起改革的浪潮。很多电力企业根据自身的实际情况进行了改革，建立了规范的公司制企业制度，初步建立起了电力市场化的体制。虽然员工成为了企业的股东，变成了企业的主人，可是绝大多数员工对股东以及股权都缺乏基本的认识，这给企业的发展带来了很多问题。这一现象是值得我们更深入地思考和更进一步地研究的。而现在的研究焦点都集中在大中型企业身上，对于小企业的研究还存在空白。故本案例以鑫鑫电力公司为研究对象展开了研究。本案例提出了以下的问题：鑫鑫电力公司改制前的发展状况是怎样的？改制后，员工对股权是怎样认识的？员工认为自己在公司是处于怎样的地位？员工作为企业的股东，为什么不但没有受到激励，反而工作效率仍然不高？

在电力企业的改制中，改制后的企业股东大多都是企业原有的员工，特别是像鑫鑫电力公司这样的乡镇小企业，一方面员工的受教育程度不高，无法透彻理解现代市场机制；另一方面他们旧有思想观念根深蒂固，很难接受新思想，对股权已有的认识与态度基本不会改变。因此，我们提出如下的假设：员工的股权观念在短期内难以改变。

一、鑫鑫电力公司基本情况

鑫鑫电力公司的发展可以分为两个阶段：股份制改造前阶段（1979—2004 年）和股份制改造后阶段（2005 年至今）。

鑫鑫电力公司原名为大峡桥电站，是坐落于四川省泸州市叙永县落卜镇洞坪村 2 社的一家小型水力发电厂，注册资金为 136. 85 万元。鑫鑫电力公司是由四川省泸州市叙永县落卜镇大树乡新华 1 社小水能泵发展而来，成立于 1979 年 12 月。改制前它是属于四川省泸州市叙永县落卜镇集体所有，是集体所有制企业，属于四川省泸州市叙永县落卜镇政府管理。该公司是主要拥有电网的垂直一体化的经营的电力公司。经过 32 年的发展，鑫鑫电力公司发展成为总装机容量 570 千瓦，年发电量 280 万度，年销售收入约 190 万元的企业。该公司拥有自供负荷用户照明 4 950 户，小型动力 35 户，10 千伏高压输电线路 65 千米，低压电路 235 千米。该公司拥有股东即员工 35 名，其中电气工程技术人员 3 人，大专生 3 人，高中生 15 人，初中生 14 人。截至 2011 年 9 月，该公司已亏损 30 多万元。该公司在此阶段出现亏损主要是以下几方面的原因：

（1）该公司是垂直一体化的公司，而其生产能力远赶不上用户的用电量，故每月都向叙永县电力公司进行网上买电。而买电的价格远高于售电的价格（买进价格：7：00 ~ 19：00 为 0. 51 元/度，19：00 ~ 23：00 为 0. 68 元/度，23：00 ~ 7：00 为 0. 28 元/度；卖出价格：0. 60 元/度），再加上税收，就出现了无利可图或者部分亏损的局面。

（2）水电行业是一个特殊的行业，某种程度上讲，都是靠天吃饭的，近年由于该地区一直以来降雨特别少，加之在离该电站 3 000 米以内的上游也有一家水电站，前 3 个季度该电站的日均发电量只有不到 100 千瓦。

（3）该公司的管理混乱所带来的弊端越来越明显。

（4）员工的积极性严重受挫，造成了几起事故。

二、鑫鑫电力公司股份改制情况

（一）基本情况

（1）国有资本全部退出该公司，转化为全员持股的股份制企业。

（2）买断原有员工的所有工龄，若愿意入股的，可再补差额成为股东；若不愿入股的员工可按工龄得到一定的补偿，退出该公司。

（3）企业原有员工为 35 人，按照退出的数额，企业以外的人可以购买股份入股。该公司的股份平均分为 35 份，每位股东的份额是相同的。

从改制到目前为止，该公司仍然保持 35 位股东，从未有过增减变动，在改制后只有一名股东退出了公司，又有另一名股东进入了该公司。全员持股有可能在分配中形成新的“大锅饭”。员工不分大小都是股东，企业的经营机制转换可能无法到位。既难以充分调动职工的积极性，又严重影响企业的发展，还有可能在分配中形成新的平均主义和“大锅饭”，从而背离了推行全员持股制度的主要目的。股东变动后，形成了这样的股权结构：股权比较分散，其中只有一个家庭有 3 个人，有 2 个家庭有 2 个人，其余的 28 个人都是分散的。而这样的格局给公司带来了如下的影响：整个企业没有绝对的大股东，每个人的地位都是一样的，特别是进行决策的时候比较困难，每次的重要决策都要经过全体在岗股东开会，进行投票决策，而不是每次投票都是有效的，故要进行多次投票决策。这就浪费了人力、财力、物力，增加了公司的决策成本甚至各方面的成本，不利于公司的长远发展。

（二）改制带来的影响

1. 从领导方面分析

“在改制后，站长还是由原来的老站长担任。该站长早就已经到了退休的年纪，可是还不愿退休，还继续留在那个位置上。”“他既是公司的领导又是外线职工，由于年纪的原因，外线职工只是挂名而没有实际的去工作。加之思想观念陈旧，仍然按照旧的管理方式管理企业，独揽大权，不愿放权和授权，让很多人产生了反抗心理。”这是该公司两名职工接受调查时说的话。笔者汇总他们的信息将站长的一些行为表现总结为以下这几个方面：

（1）优点：①由于该领导有一定的威望，有一部分人愿意接受他的领导；②原有的领导对公司自身的情况比较熟悉，开展工作比较容易；③电力企业向上面对国家电力公司，向下面对用户，原有的领导对上对下的相处比较容易，节约时间、人力成本。

（2）缺点：①从决策方面来说，该站长不会听取别人的意见，不会给予员工参与决策的机会，严重损害员工的积极性；②从组织方面来说，公司虽设有监事会，其中包括站长与其他两名职工，但是监事会并没有起到实际的监督作用，成为了摆设。③从领导者自身来说，该站长是以前的领导，一直以来都奉行的都是集权式的管理，不愿授权、放权，使其他作为股东的职工难以参与到公司的管理决策上来，使员工的积极性受挫，而且由于他工作时间较长，很容易建立起自己的利益集团，不利于公司的良性发展；④从领导对企业的控制方面来说，由于领导独揽大权，人单力薄，只能对公司的很小一部分事务进行有效的控制，而其他很大一部分事务是不能得到控制的，这就造成了公司的很多事情或目标很难实现或达到预期的效果。

2. 从员工方面分析

鑫鑫电力公司有 3 人退出了该公司，又有 3 个外来人员加入了该公司，有 11 人退休，让其子女顶职，这 17 名股东是通过继受取得公司股份的；而剩下的 18 人都是通过原始取得的方法得到公司股份的。新股东的进入给公司带来了一定的影响。

（1）优点：①给公司注入了新的血液，老的一批职工走了，换来了年轻的职工，在一定程度上打破了企业原有的守旧思想，给企业注入了新的活力，使该企业更加生机勃勃；②青年股东学习能力普遍比老股东强，学习新技术的能力较强。

（2）缺点：①由于该企业是厂网合并的水力发电企业，需要的是技术型的人才，新员工既不懂技术也没有得到岗前培训，开展工作比较困难，需要更多的成本来完成自己的任务，这样在很大程度上降低了工作的效率并增加了企业的运营成本；②因利益、价值观等方面的差异，形成了几个利益小团体，不利于提高公司的凝聚力；③新思想与旧思想容易发生碰撞，但新思想的力量太薄弱，新思维、创新思想得不到施展，不利于企业的创新与发展。

3. 股份制改造后，各股东对股权的认识和态度

（1）各股东只知道自己是公司的股东，但是不能明确自己作为股东在该公司的责权利（责任、权利、利益）；

（2）各股东没有明晰产权问题，他们还没弄清楚自己是公司的债权人还是债务人；

（3）各股东认为既然自己已经成为公司的股东，就应该有权力在公司上班，而且自己有权让别人顶替自己的工作；

（4）各股东一直认为既然自己投入了钱，在没有参加工作的情况下，必然应该获得投资收益，而不需要承担任何投资风险。

三、鑫鑫电力公司的工资结构及人事调整

（一）从2005年1月1日至2011年12月31日的工资结构

在此期间有35人参股，其中20人上岗，15人息岗。其中，上岗人员的工资：外线职工1 600元/月+养老保险+年终分红；运行职工1 400元/月+养老保险+年终分红。息岗人员的工资：1 200元/月（注：若企业盈利，则上岗人员可获得分红，若企业亏损，则上岗人员也要出资补贴，即自负盈亏，息岗员工是固定工资）。

根据与大多数员工的深入接触，他们对这种工资结构都有以下的态度：

在岗员工说："息岗员工也是公司的股东，他们是出了钱的，从公司分到钱都是应该的。""我们的工资太少了，根本就不够用。""息岗很轻松，不用干活、不用分担风险，还可以分到钱，等家里没有压力了，也不干了，反正不干活都可以拿钱。"

息岗员工说："我出了钱，就应该获得报酬，而且我的钱我想拿回来就拿回来。""息岗不但可以拿钱还可以利用时间去做其他工作，挣两份钱。""不上班都可以拿钱，而且和上班的差别不大，还不如不去上班。"

从该公司的工资结构以及员工的态度可以得到如下认识，以及这样的认识是怎样影响员工的行为甚至整个公司的发展：

（1）每个股东从公司分得固定的钱是理所当然的，这点是不可改变的事实。

（2）上岗员工与息岗员工的工资相差不大。也就是说，工作一个月与不做任何事的收入差距太小，造成很多股东息岗，以便分得工资，上岗率一直得不到提高。

（3）没有绩效工资，缺乏正激励。在岗职工不管做多做少得到的报酬都是相同的，这样不但不能激发员工工作的积极性

而且很多员工报着浑水摸鱼的心态对待工作，故有很多职工没有尽责，在自己的工作岗位上敷衍了事。

（4）没有行之有效的惩罚措施，缺乏负激励。员工的行为得不到约束，给企业塑造了散漫的工作氛围。

（5）从马斯洛需求层次理论来说，这样的工资结构只满足了员工的最低层次的生理需求的最低标准，而忽视了员工的安全的需要、社交的需要、尊重的需要、自我实现的需要这些较高层次的需要。

（6）该公司至少要有固定的对每名息岗股东14 400元/年的支出，对于这样的小企业来说，资金压力有点大，而且对于在岗员工来说是不公平的。

这样的工资结构，导致2005—2011年该公司的上岗情况如表5－1所示：

表5－1

年份	总人数（人）	在岗人数（人）	息岗人数（人）	非股东职工（人）	上岗率（%）
2005	35	35	0	0	100
2006	35	35	0	0	100
2007	35	30	5	0	85.7
2008	35	24	11	0	68.6
2009	35	21	14	0	60.0
2010	35	18	17	0	51.4
2011	35	15	20	0	42.9

根据表5－1可以得到如下结论：

（1）上岗率不高，越来越多的员工在遇到效益不好或亏损的时候，抱着不想上岗宁愿息岗的心态，造成企业的压力越来越大；

（2）该公司从未考虑过聘请非股东人员或专业人员参与公司的运行或管理。

（二）该公司 2012 年 1 月 1 日以后的调整

1. 调整的主要原因

（1）2011 年前 9 个月出现了严重的亏损，在岗员工的压力越来越大，使得他们迫切需要采取措施来解决问题；

（2）现有的工资水平无法激励真正需要这份工作而且有能力的员工，他们在工作中原有的积极性被消磨，越来越散漫、无纪律，严重影响了公司的发展，但这也是经过长期的发展形成的；

（3）整个企业的上岗率不高，企业的压力越来越沉重，而且员工普遍素质不高。

2. 调整的特点

（1）调整带有隐性的强制性，想要上岗的股东必须同时负责外线和运行的工作，这就加深了对员工的技能要求，没有实际能力的股东只能退出；

（2）上岗员工的工资小幅度上调，息岗股东的工资小幅度下调，加大两者之间的工资差距，这在很大程度上提高了上岗员工的积极性。

3. 调整之后的人员结构

在 35 名股东中，有 25 人息岗，11 人上岗。现在的 11 名上岗员工既要负担外线的工作，也要负责运行工作。工资结构：息岗股东 1 000 元/月；在岗股东 1 800 元/月 + 养老保险 + 年终分红。

4. 这样的调整对该公司各股东的行为的影响

（1）对于可以上岗的股东来说，他们工作的积极性更高了，更愿意为以后的工作付出更多，大大地提高了工作的效率，而他们的努力也得到了实际的回报，2012 年 1 月该公司的发电量为 32 万度，效益有小幅度提升；

（2）对于息岗的股东来说，他们可以得到的收入更少了，加深了他们的对工作、对上岗股东的不满情绪，但是迫于压力不得不接受这样的事实，至此股东之间的内部矛盾更加激化，很难达成一致的意见。

5. 经过该公司的2次人事调整和工资结构变化反映的问题

（1）从改制以来，公司经过2次重大调整，6年过去了，那种认为自己在公司投入了钱就应该有所回报，在岗股东认为自己应该分红给息岗股东，而息岗股东认为自己投入了钱就应该获得报酬的观念依然没有改变，他们的这种思想观念是与全员持股的企业以继续盈利为目的利润共享，风险共担相背离的；

（2）该公司的股东显然还不能确定自己是公司的债权人还是债务人，没有达到责权利的明晰化；

（3）该公司的产权结构单一，企业的所有者即企业的经营者，企业的所有权和经营权没有分离。企业的股东也没有那种要放弃对企业的经营管理权利的思想，更没有要把企业的经营权交给非企业股东或者职业经理人管理；

（4）公司的股东人数以及工作人员人数是极为不合理的；

（5）各股东宁愿自己息岗，也不愿意聘请非股东人员参与公司的运行和管理，所以公司的经营权和管理权是很难分离的。

四、鑫鑫电力公司股权改制的对策

通过对鑫鑫电力公司的实证研究以及分析总结，本案例得出的基本结论如下：

该公司虽经过2次人事调整，但是工资结构却没有实质意义上的重大改变，只是做了数据上的调整，这说明了该公司的股东仍然秉承传统的股权观念，并且他们的这种观念基本不会跟随公司以及时代的发展改变。

该公司各股东对股权的传统理解观念是不会改变，他们既想不工作就取得利益，又不愿聘请外来人员参与公司一切事务。

在这种情况下，提出如下对策：

（一）通过合理、合法的方法，缩小股东数量

1. 建立完善的股东退出机制，发扬契约自由的基本精神

股东退股就是退出公司，是指在公司存续期间，股东基于特定事由，收回其所持股权的价值，从而绝对丧失其社员地位的制度。根据公司契约论的理论，公司设立于股东的约定，运行于股东的约定，这个约定的文本就是公司章程。

收购价格是收购退出股东股份的一个重要问题，若价格偏低，退出股东的利益会受到损害，他们不会退出；若价格偏高，存留股东的利益会损害。因此，双方关注的核心问题就是如何确定收购价格。根据鑫鑫电力公司各股东对股权的不全面认识以及股权观念的不可改变的实际情况，收购价格的确定，鑫鑫电力公司可以通过如下的途径：由于公司章程事先没有约定的价格或者计算方式，故不能通过这种方法，所以只能利用协商价格的方式，让退出股东和其他股东谈判，如果双方达成一致意见，则公司可以按照协商的价格收购股份，采用这种方式既省时又省力。如果提出退股的股东与公司或者其他股东协商不能成功，就只能借用司法评估价格，即股东可以向人民法院提出司法评估的申请，由法院委托专业的评估机构进行评估。

2. 除名公司股东

由于每项维护股东权利的途径都有特色和固有的局限，所以只有利用多种途径才能使股东得到更周全的保障，这就必须协调利用退股权制度与除名权制度。

除名权是指在特定条件下，股东要求其他股东向其或公司出售股份，并对其予以除名的权利，即股东因重大事由被开除从而被动退出公司。这样就排除了除名股东对公司的不正当控制、参与，使得其他股东得以继续经营公司，因此这是对于鑫鑫电力公司这样的乡镇小企业来说是比较好的方式。提高股权的壁垒，对于那些不能上岗的股东、不能负责外线和运行工作

的股东等，让他们退出公司。退股权制度主要是股东在特定条件下的主动退出行为，而除名权制度则是股东在特定条件下被动退出公司的制度，两者互补，更有利于公司发展。

3. 根据运转需要，保留合理的股东数量

合理的股东数量不仅可以提高公司的效益，而且可以提高股东的凝聚力，让公司更好地发展。在该公司员工股权观念不可改变的情况下，需要的员工数量就是该公司合理的股东数量。需要的工作人员人数如下：①运行职工，由于该公司是小型电力公司，在机房里面需要2人3班倒工作，即6人。其中一人负责清理水池垃圾，保持水力畅通；另一人负责控制发电机。②外线职工，按照区域大小以及人口密集程度划分，需要5名职工。③该公司需要11名日常工作人员，如会计、出纳、办公室值班人员来完成日常工作。故该公司的股东数量可以缩小到11名，而这11名股东必须是达到公司要求的。

（二）优化股权结构，减少代理成本。

把可以成为股东的11名股东的股份平均分为11份，让股权得到均衡，减少股东之间的利益冲突。有研究发现在有控股股东的公司中，管理层侵占利益的行为已不再是主要的代理问题，而小股东与控股股东之间的利益冲突才是主要的代理问题。故像鑫鑫电力公司这样的小企业，只有拥有均衡的股权结构，股东之间相互制衡，才能减少公司的成本，获得更多的效益。

（三）明晰、优化公司的产权

通过科斯定理，我们知道清晰的产权关系可以使谈判、各利益相关体之间的联络、签约以及监督成本得到降低，这样就有利于企业资源实现最优配置和使用。对于该公司的产权界定，可以按照“谁投资、谁受益、谁所有”这一原则进行。必须注意的是，产权明晰要求公司的所有产权都界定完毕，只有这样的产权明晰才能使交易成本减少。产权明晰后，要保证企业的法人财产权落实，同时保证出资人权益的实现

（四）完善内部治理结构，建立起真正的现代公司制企业制度

1. 组织结构的优化

必须建立起层级化的组织结构，由于该公司的股权是平均分配的，各领导可以通过民主选举产生，其余股东必须服从选举产生的领导。而领导也必须适时适度放权、授权，以缓解自身的工作压力，以及提高其他股东的积极性。

2. 建立和完善公司的董事会

完善的董事会是建立现代企业制度必不可少的，董事会必须对公司承担决策监控责任，使董事会成为联结各股东的桥梁，使公司内部形成有效的制衡关系。

3. 强化监事会的监督作用

先要确保监事会的独立性，保证任何组织和个人不能干预监事会的监督活动。监事会要及时检查，保证监督的数量与质量，做好事后监督。

（五）加强同其他电力企业的交流与学习

引进其他企业先进的管理模式和治理方法，并结合鑫鑫电力公司的实际情况，在人员培训等方面加强交流与合作，促使整个企业整体素质的提高，从而带动鑫鑫电力公司的股份制改造。

思考与讨论

1. 鑫鑫电力公司的主要问题是什么？

2. 鑫鑫电力公司的治理结构是怎样的？对公司发展产生了怎样的影响？

3. 在既定的股权观念下，如何对组织结构进行改进，促进绩效？案例中提出的解决方案有何优劣？

案例六　商业模式设计

杨波　幕大伟

这是一家关于食用菌产品产、供、销一条龙的涉农企业，公司的商业模式是传统的“公司 + 农户”的模式，即公司提供技术、菌种和生产资料给农户，由农户进行栽培，种植出产品后，公司再负责回收、销售。公司盈利主要从为农户提供菌种，食用菌生产资料和回收产品中获得。

一、市场状况分析

1. 企业

公司刚刚成立，处于发展的初期，但技术实力在当地处于领先地位。

2. 市场

内蒙古赤峰地区的食用菌产业无论从种植角度和消费角度都与南方的城市有不小的差距，还处于产业发展的初期，并没有一家成规模的食用菌企业。大的环境下，涉农产业受到当地政府的大力支持，政策的优势对公司开拓市场很有利。区域优势在于当地相比南方气温低，发展反季节蔬菜栽培有很好的市场前景。

3. 顾客

农户是公司的目标顾客之一，农户对待新农业的特点是冒险精神不足，对市场前景的分析并不动心，需要看到实实在在的利益才会承认市场前景。

同时广大的食用菌消费者也是公司的目标客户，以往公司的产品主要销往大城市和南方一些地区。当地消费的食用菌产品还比较少，主要集中在平菇、香菇、金针菇等低档品种上，一些高档珍惜的食用菌还没有普及。但是通过公司在农展会的促销中发现，当地的消费者对高档食用菌产品的认同度较高，因此也具有市场开发潜力。

4. 产品

一般农产品需求弹性都比较小，主要是采取深加工、精包装、高质量的方式来提高产品附加值。

二、商业模式设计

（一）市场开拓

1. 菜肴以食用菌为主要原料的健康生态餐馆

这个模式主要是考虑到目前还没有一家具有知名度的专门以食用菌菜肴为主的餐馆，市场还属于空白。该模式的外延设计如下：

（1）餐馆设计：在开发的菜品方面有砂锅系列、烧烤系列、中餐系列、自助餐系列。所有做菜过程全透明，即有专门的配菜间，和专门的砂锅炖制间等，菜馆风格设计要充分体现餐馆以蘑菇产品为核心的特点，墙上贴有各类食用菌产品保健功能的介绍以及菜品的介绍。同时在不同的位置，以盆栽的方式种植一些蘑菇品种来点缀整个环境。

（2）菜馆选址：为了给顾客以独特的体验，餐馆将建在各个种植基地的旁边，所有菜品都可以实现现采、现做，允许顾客亲自去采，甚至自己学做菜。所有基地周边的餐馆都统一形象，统一包装，建立品牌，保护成果，产生辐射效应。基地里的农户也能看到实实在在的实惠。

（3）建立产品专卖柜：顾客在餐馆里品尝过特色菜之后，

如果喜欢，可以买回一些给家里人品尝。做餐馆的主要目的并不是盈利，而是培养对食用菌新产品的消费习惯，促使消费者产生认同感，对开拓本地消费市场很有帮助。同时市场培育起来了，反过来也会带动餐馆的效益，解决一部分产品销售问题。

（4）连锁加盟：未来可以考虑采取连锁加盟的方式，作为开发其他地区食用菌产业的敲门砖。从某种意义上说，这已经不是单纯意义上的餐馆了，而是一个市场营销工具，即给顾客体验，给农户收益，为企业做市场。

2. 选择二级市场作为目标市场

以往广大的食用菌种植专业户都喜欢去北京等大城市进行销售，因为大城市销量大，但是价格低，竞争激烈。以二级城市为主的小市场容量小，一般不被大的种植户重视，但小市场数目多，价格高。因为二级城市也要去大城市购进一些普及率不是很高的蔬菜。如果直接将产品销往小市场就可以减少中间环节，这样既可以使当地的经销户以更低的价格拿到农产品，公司也可以以高于北京等大城市市场的价格销售产品，实现了共赢。

3. 开展电子商务

大力开展电子商务，制作公司自己的网站，并成为阿里巴巴会员。虽然这个通常看来可能也不算什么，但是对于小型涉农企业，一开始就在电子商务上下足功夫的并不多见，对企业开拓市场是有利的。

（二）市场推广

1. 展会促销

参加当地的农产品展销会，不光目标顾客十分明确，影响力也涉及对公司十分重要的三方：当地政府、媒体、农户。抓住每年农产品展销会的机遇，就能做好当年的宣传工作，这是一种效果很好的营销活动，具有较高的投入产出比，即只要谈妥一项合作意向，展会的营销成本就可以完全收回。

事实也是如此，在内蒙古第六届农牧业科技成果博览会上，该公司参加展会，就取得了很好的影响和收益，展会受到了当地媒体的专题采访和报道，赤峰市有关领导以及各乡镇也组织去公司在松山区夏家店乡的基地参观，表现了浓厚的兴趣和合作意向。而这些成果都是在没有采取除展会以外的其他措施后取得的。

2. 免费的技术培训

技术培训采取免费的方式主要是考虑关系营销的需要，借此树立公司的形象和地位。

培训采取理论加实践的教学模式。以往农民学习农业技术，主要是通过在教室里学，或者看书的方式获得。这种方法的机会成本比较高，需要在实践中不断经历失败，积累了经验之后，才算真正学到手。该公司教学模式的特点是要将理论知识和多年总结的实际经验，通过真实的操作过程，传授给农户。这样农户就可以付出较少的代价，学到真正实用的技术。公司也可以通过这种方式培养发展技术人才，巩固与农户的关系。

培训还会响应国家倡导农民学习实用技术的号召，与政府积极合作，争得政府的支持。同时，还会与学校合作，建立教学实习基地。

（三）建立竞争壁垒

在该公司成立之初，就考虑到随着产业的发展，如何应对潜在竞争者的问题。

1. 抢占市场开拓者地位

抓住赤峰地区发展食用菌产业的大好时机，坚持以诚信为本的理念，依靠自身的技术和市场开发优势，积极与政府合作，建立示范基地，完成在赤峰地区的食用菌产业战略布局，迅速成为赤峰地区在食用菌行业发展中的领导者。

2. 建立技术壁垒

主要是抓紧发展企业，争取获得“食用菌菌种生产许可证”。目前的食用菌类的公司，还是以小公司居多。由于“食用菌菌种生产许可证”的要求较高，所以大多数生产者还没有取得这种认证。如果能取得这种认证，无疑是对公司实力的最好证明。可以借此树立公司产品高品质的形象，避免陷入价格竞争的局面。

3. 与农户建立销售合作社

与农户签订协议，规定如果农户希望公司回收产品，就必须加入由政府牵头、公司发起、农户参与的销售合作社。合作社要采取统一回收、统一销售的措施，价格对合作社成员透明、公开。为维护共同利益，公司、农户需要交一定的保证金，凡是公司未按市场价回收或者农户私自销售产品的，将受到惩罚。这样公司就控制了价值链的销售端，在与外地收购商的讨价还价中也占据了有利地位。行业生态的形成，也可以很好的阻止其他竞争者的加入。

整个商业模式设计可由图6－1表示：

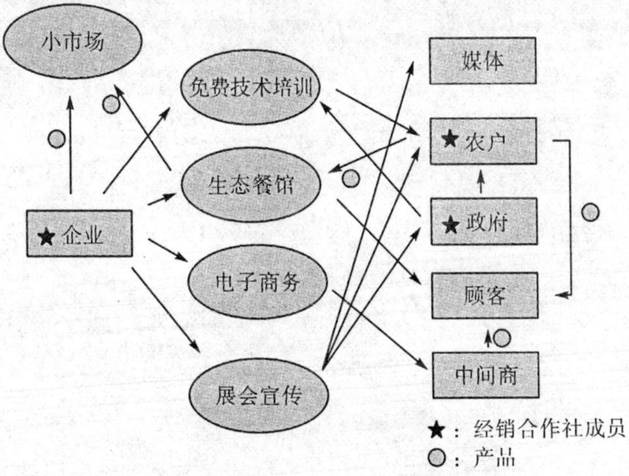

图6－1　该公司商业模式结构图

思考与讨论

1. 商业模式在企业战略中处于什么样的地位？
2. 案例中提出的竞争壁垒能保证公司的竞争地位吗？
3. 本案例中的商业模式还可以怎样改进？

案例七 互联网环境下的商业模式：小米手机

杨波 吕祺

2011年8月16日，一款名叫小米手机的手机发布会引起了整个互联网和媒体的广泛关注，世界上首款双核1.5GHz的智能手机（具有超高配置的硬件但是只有1 999元的价格）立即引起的各大媒体和许多网民的强烈关注。一时间各大媒体和网络都充斥着对小米手机的报道和谈论，伴随着消费者的支持和质疑，小米手机于2011年9月5日正式接受预定。在接受预定的两天内小米手机的预订量就超过30万部，受制于产能小米公司不得不暂停接受预定，小米手机在前期即取得了极大胜利。随后仅在2011年12月18日对个人用户开放购买当天的3个小时内，小米手机又卖出了10万部，又在上市仅3个月后与中国联通开展合作，获得中国联通超过百万台采购订单，随后小米公司又与中国电信展开合作销售小米手机。在此期间小米手机这个词始终是百度等搜索引擎的热词，而且有关小米手机的新闻在中关村、新浪数码等各大网站的关注度始终排名靠前。为什么这个在2010年4月才成立的公司会在这么短的时间内能取得这么巨大的成功？是什么因素支撑小米手机取得如此巨大的成功？本案例试图探讨影响小米手机营销成功的各种因素。

一、小米公司简介

（一）小米公司成立

小米公司全称北京小米科技有限责任公司，成立于2010年4月，主要从事互联网业务和智能机业务。在小米手机发布以前小米公司主要业务为软件开发，小米手机发布后其主要业务为智能手机和互联网业务。小米公司主要由雷军创办，共计7名创始人。这7位联合创始人有的来自著名的互联网公司有的来自高校，像雷军是金山软件公司董事长同时也是天使投资人，联合创始人林斌曾经担任谷歌中国研究院副院长等。

（二）小米公司文化

像许多信息技术（IT）公司一样，小米公司没有森严的等级，在公司内部每一个员工都是平等的，每个同事都是同伴。小米公司崇尚创新和快速的互联网文化，在小米公司没有冗长的会议和流程，员工们都是在轻松的环境中发挥他们的创意。小米公司始终相信用户就是驱动力，始终坚持“为发烧而生”的产品理念。

（三）小米公司核心产品

小米手机是小米公司发布的世界首款双核1.5GHz的智能手机，拥有1G内存和4寸的高分辨率的屏幕。小米手机售价1 999元，用户只有在小米手机的官方网站才能够预定和购买。

米聊是小米公司推出的一款支持跨手机操作系统平台，跨通信运营商的手机端免费即时通信工具，通过手机网络，可以和米聊联系人进行实时的语音对讲，信息沟通和收发图片。

米柚（MIUI）系统，MIUI系统是小米公司基于安卓系统深度优化、定制、开发的第三方手机操作系统，目的是为国内用户带来更为适用的安卓智能手机体验。

二、小米手机成功营销基础因素

（一）人口优势带来的规模经济优势

规模经济理论（Economics of Scale）是指在一特定时期内随着企业产品绝对产量的增加，企业每单位的产品成本随着产量的增加而绝对下降，即企业扩大经营规模可以降低单位产品的成本，从而提高利润水平。规模经济主要来自于以下几方面：

（1）随着产量的增加企业的分工也更加细致，使得企业获得专业化的优势。

（2）随着产量的增加工人的操作也更熟练，可以提高每个工人单位时间内的产出量。

（3）随着产量的增加每单位产品可以分担的更多的研发成本和其他成本。

（4）随着产量的增加导致原材料采购量的增加可以提高企业在采购谈判中的地位从而获得采购优惠。

要获得规模优势必须具有人口优势，人口规模为规模经济提供了基础。根据第六次人口普查数据我国的总人口已达到13.39亿人，我国人口出生率为11.93‰。而根据运营商提供的数据截至2012年1月份，中国的手机用户数已达9.8758亿，即将逼近10亿大关。巨大的人口优势使我国成为世界上最大的市场，如此广阔的市场容量为任何一家企业的生存和发展提供了广阔的空间，也为各个企业的规模经济奠定了基础。任何一家手机公司只要能够在其中占据一定份额就可以为该企业带来规模经济优势。而小米公司作为一家新兴的手机厂商凭借其出色的营销策略在小米手机正式接受预订的3小时内就获得了10万台的预定，2天之内小米手机的预订量即超过了30万。随后，小米手机与联通公司合作获得联通公司大额订单，这些订单都为小米手机获得规模经济优势奠定了基础。小米手机的规模经济所降低的费用主要来自于与供应商议价能力提高和与代工厂议价能力提高上。作为一家新兴的互联网公司小米公司由于并没有从事手机原材料的采购的经验和优势，由于小米手机原材全部来自于苹果手机等高端手机产品相同的原料供应商，而作为一家刚涉及手机领域的公司来说，小米公司在与供应商进行原材料采购议价时并不可以像苹果等公司可以凭借强大的市场占有率从而拥有较强的议价能力。并且小米手机在初期由于采购量较小并不是原料供应商的主要客户而且也不能获得原料供应商的价格优惠，并且当其他客户订单与小米公司订单发生冲突时原料供应商会优先保证其大客户的订单，这也是为什么泰国洪水发生后受原料供应影响小米不得不减少发货量的一个主要原因。但随着小米手机第三轮开放购买后，小米手机的销量已经接近百万部。随着小米手机预订和销售量的持续增加小米公司采购的原材料数量也不断增加，使得小米公司在与供应商谈判时可以获得较强的议价能力。从而让小米手机的原材料采购获得规模经济优势降低了原材料采购成本和提升利润率水平。受制于资金限制和没有手机终端制造经验，小米手机采用了代工方式生产手机；同样，由于小米公司初期的市场地位在和代工厂进行谈判时并没有很强的议价能力，但随着小米手机销量的增长和市场占有率的提高，小米公司与代工厂议价能力也得到了极大提升。这在很大程度上减少了每部小米手机的代加工费用提升了小米公司的利润。而且随着工人技术的熟练和代工厂和小米公司有效沟通的加强，也提升了小米手机的产量满足市场需求。从以上可以看出广阔的市场容量所产生的规模经济优势是小米手机营销能取得成功的基础性因素，也是小米手机能够得以生存的根本性因素。

（二）较低的人均收入水平限制了购买水平

影响普通消费者购买行为的主要因素是消费者的收入水平，高收入者消费水平高、低收入者消费水平低，任何普通消费者在购买商品是都要考虑其收入水平。根据国家统计局统计数据，

2011年我国城镇居民人均可支配收入中位数为19 118元，农村居民人均纯收入中位数为6 194元，与其他发达国家相比我国人均收入依然较低，较低的人均收入使得我国大部分消费者在购买商品时价格仍是其主要的考虑因素。普通消费者在购买手机也必须根据其收入水平来购买。根据互联网消费调研中心（ZDC）调查数据可知，中国网民在购买和更换手机时最为注重的因素仍然是价格，其次才是质量和功能等其他因素。而目前市面上的智能手机均价普遍在1 500元以上，高端智能手机价格更是高达3 000元以上，普通消费者购买一部手机的支出仍然占据消费者月收入很大比重，这使得普通消费者在购买时不得不考虑手机价格，手机价格不能超过消费者的心理预期和合承受范围。并且消费者在购买手机时会在购买心理价格的前提下尽量追求手机高性能以达到效用的最大化以满足消费者的需求，性价比仍然是消费者在某一价格极限内最为注重的方面。小米手机1 999元的价格对绝大多数消费者而言，并没有超过他们对手机价格最高价的预期，并且小米手机高端的配置和低价格形成的高性价比也成了对消费者最具吸引力的因素。

（三）宽松的专利保护法律环境

2011年3月，苹果公司与HTC公司展开专利权诉讼，要求法院判决其产品在美国地区禁售。2011年4月，苹果公司与三星公司展开专利权诉讼并成功禁止三星平板电脑在德国地区销售。并且微软公司和HTC公司达成协议向HTC公司每部安卓系统手机收取专利费并且与三星公司展开专利谈判。各大安卓系统手机厂商都将面临着专利诉讼和专利费的危险。知识产权日渐成为国际厂商最重要的竞争武器，国际厂商不仅可以依靠专利赚钱专利费用还可以利用专利打击竞争对手。作为严重依赖国际厂商运行平台及其专利的国内手机厂商来说，知识产权也成为需要高度重视的方面。受制于目前我国的法律制度不完善、人们对知识产权保护意识淡薄，目前我国对知识产权的保护还处于起步阶段。目前国内手机厂商在规模和市场地位都没有对其他手机巨头造成实质的威胁，而且与国内侵权的厂商进行诉讼的成本会超过收益，所以国际厂商目前不会对国内企业进行专利诉讼。但随着我国法律的不断完善和人们对知识产权保护意识的提高，以及国内手机厂商规模和市场地位的提高，国内手机企业必将面临着更多的知识产权纠纷。根据国家知识产权局统计数据，小米公司专利仅为3项。小米手机外设支架设计实质专利并没有，小米手机的米柚（MIUI）系统在下载苹果手机主题时开机界面会出现苹果公司的标志，小米手机的这一现象明显侵犯苹果公司的商标权。而且采用安卓系统和相关专利的小米手机如何才能在未来避免专利诉讼和高额专利费用等问题需要小米公司管理人员考虑。

（四）安卓系统兴起和塞班系统衰落

塞班系统曾经是智能手机主流的操作系统，由塞班公司为智能手机研发，塞班公司后被诺基亚收购。由于塞班系统只对企业开源而且对新兴的社交网络和Web 2.0内容支持欠佳，塞班逐渐被其他系统取代。截至2011年11月，塞班系统的全球市场占有量仅为22.1%，中国市场占有率则降至23%，均被安卓系统超过。安卓系统是谷歌公司以Linux为基础的开放源码操作系统，主要使用于便携设备。由于安卓系统最主要的特点就是开放性，较大的开放性可以使其安卓系统拥有更多的开发者，可以为用户提供更多更好的软件，同时也加速了安卓系统发展。根据2011年11月数据，安卓系统占据全球智能手机操作系统市场52.5%的份额，中国市场占有率为58%。安卓系统成为全球第一智能手机操作系统。据互联网消费调研中心报告，2011年第三季度安卓系统以53.3%的份额成为消费者最为关注的手机操作系统。曾经的手机巨头诺基亚因为固守自家的塞班而失去了智能手机领域领先地位，被迫转向微软公司的Windows Phone 7系统，智能手机市场份额不断减少。随着摩托罗拉被谷歌收购，索尼爱立信被索尼完全控股，三星、HTC 借利安卓系统与苹果公司成为智能手机市场“三剑客”，主导着智能手机的市场格局。国内手机厂商也都借利新平台焕发新机，联想、魅族、酷派等国产手机厂商都纷纷发布自己的安卓智能手机，试图在智能手机市场上站稳脚跟。可以说安卓系统的兴起改变了整个智能手机的市场格局，也为国内手机厂商壮大提供了机会。小米手机搭载基于安卓系统开发的米柚（MIUI）系统，符合消费者对于智能机操作系统的要求，也符合目前智能手机操作系统的主流。米柚（MIUI）系统不仅可以为用户提供出色的操作体验而且符合国人的手机优化，使小米手机更适合国人的使用习惯，可以为用户带来良好的操作体验。

三、小米手机营销成功重要因素

（一）市场格局有利于小米手机

目前的中国的智能手机市场竞争激烈，市场结构可以从以下几个方面分析：

1. 就品牌来看

就品牌来看，可以分为两个梯次。第一梯次主要是苹果、三星、HTC、摩托罗拉、诺基亚国际手机厂商等；第二梯次主要是国内手机厂商，包括联想、中兴、魅族、酷派等。第一梯队的厂商无论是在产品质量、产品功能、产品链等各方面都有较大优势；第二梯队优势主要体现在低端产品价格、渠道、本土化等方面。

小米手机虽然处于第二梯队，没有资金、技术、品牌等优势，但凭借对中国市场营销环境、对消费者购买习惯的熟悉和充分发挥本土企业的优势以及依靠出色的市场营销策略小米手机仍然取得了巨大的成功。

2. 就价格来看

就价格来看，可以分为三个市场即高端市场、终端市场、低端市场。高端市场主要由国际厂商把持，依靠国际厂商品牌、技术等优势其产品价格普遍在 2 500 元以上。高端市场由于利润较高是国际厂商主要的争夺领域所以竞争异常激烈。中端市场国际厂商和国内厂商都有涉及，但主要还是国际厂商把持，国际厂商主要包括三星、摩托罗拉、诺基亚、HTC 等厂商，国内厂商主要包括联想、华为、魅族等。中端市场产品均价主要分布在 1 500 ~ 2 500 元。低端市场主要包括诺基亚、中兴、联想、华为等手机厂商。低端市场主要由国内手机厂商把持。低端市场主要是以价格战为主要竞争手段，价格主要分布在 1 500 元以下。

小米手机从价格来看其 1 999 元的价格处于中端市场，虽然竞争激烈但与其他中端市场的产品相比无论是其价格还是配置都与其他产品有较强的竞争力。下面是与小米手机配置差不多的国际厂商的产品与小米手机的对比和国内手机厂商与小米手机配置差不多的产品与小米手机的对比。从表 7 - 1、表 7 - 2 我们可以看出来，尽管配置几乎相同但国际厂商的产品与小米手机相比在价格上面小米手机占据绝对优势，对国内手机厂商来说小米手机无论在价格还是配置上都具有较强优势。

表 7 - 1

手机	中央处理器	内存	电池（mAh）	摄像头（像素）	定价（元）
小米手机	双核 1.5GHz	1GB	1 930	800 万	1 999
HTC Sensation	双核 1.2GHz	768MB	1 520	800 万	3 575
三星 Galaxy S2	双核 1.2GHz	2GB	1 650	800 万	4 999
MOTO Atrix ME860	双核 1.0GHz	1GB	1 930	500 万	4 298
LG Optimus 2X	双核 1.0GHz	512MB	1 500	800 万	2 575

表 7－2

手机	中央处理器	内存	电池（mAh）	摄像头（像素）	定价（元）
小米手机	双核 1.5GHz	1GB	1 930	800 万	1 999
华为 Honor	单核 1.4GHz	512MB	1 930	800 万	2 499
魅族 M9	单核 1.0GHz	512MB	1 370	500 万	2 099
天云 阿里云手机	单核 1.0GHz	512MB	1 500	500 万	2 680
联想 乐 phone S2	单核 1.4GHz	1G	1 500	800 万	2 999

3. 就功能来看

就功能来看，手机可以细分为商务手机、音乐手机、女性手机、老人手机、拍照手机等功能手机。功能手机是手机厂商为适应市场竞争而侧重于手机的某一方面的功能而生产的。功能手机可以满足消费者的某一具体要求，从而获得一定的细分市场。主要的功能手机包括：黑莓 9900（商务手机）、诺基亚 5310（音乐手机）、朵唯 WG900（女性手机）、诺基亚 1010（老人手机）和诺基亚 N8（拍照手机）等。但随着手机功能的集成化发展，这样的细分也日渐丧失对消费者的吸引力，但对企业来说仍具有一定的意义。

从功能上看，小米手机把自己定位为“为发烧友而生的手机”。这一定位不同于以往的任何手机定位，这一定位使得小米手机获得了自己的目标客户并且赢得了潜在消费者的认同，也使得小米手机避开了与其他手机厂商冲突。目前手机日益成为人们不能分离的物品也因此诞生了一批手机“发烧友”，他们喜欢探索手机的各个方面，喜欢刷机，每天花在手机上的时间非常多，对手机的硬件要求较高。而小米手机高配置和低价格则满足了购买力较低的手机“发烧友”对手机的要求。

4. 就渠道来看

手机销售方式主要可以分为直销方式和分销方式。

直销主要包括：

（1）自建直销店，如诺基亚直销店；

（2）家电连锁商场，如苏宁电器；

（3）B2C 卖场，如京东商城；

（4）移动营业厅，如移动营业厅；

（5）手机卖场，如新亚手机超市；

（6）其他，如大型超市、手机销售店等。

分销主要包括：

（1）全国总代理，如三星手机总代理鹰泰数码等；

（2）区域总代理在全国总代理进货并在一定区域销售；

（3）网上代理销售，如太平洋手机网等。

目前由于网络交易的快捷性、安全性和价格优势的提高以及我国电子商务的快速发展，网络购物包括购买手机在我国已经成为一种趋势。

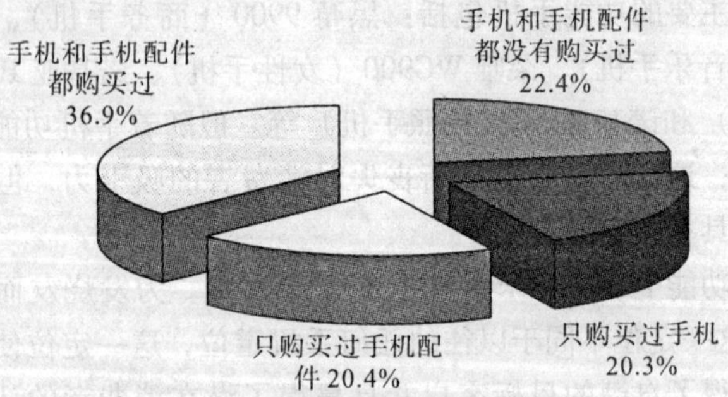

图 7－1　通过网络购买过手机/手机配件比重图

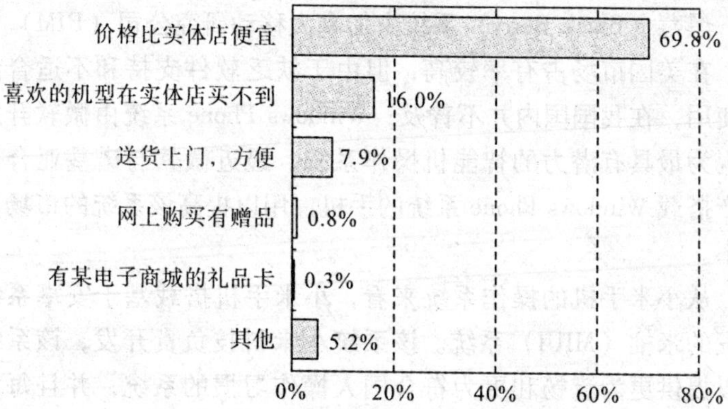

图7－2　选择网络渠道购买原因比重图

互联网消费调研中心调查数据显示：超过55%的网民在网络上购买过和手机相关的物品，购买过手机和手机配件的比例为36.9%，而且网民选择网络购买手机的主要原因是网络购买手机的价格比实体店手机价格便宜。

从渠道来看小米手机采取线上销售和营业厅销售模式。发布初期的小米手机采用线上销售模式，这种模式与传统销售模式相比具有较大的优势，可以节约成本降低手机的价格。发布一段时间后小米手机采用了与运营商合作销售的模式分别于联通公司和电信公司展开合作，利用两家公司的渠道进行销售，这种模式克服了线上销售模式的缺点，也有利于小米手机借助两大运营商的渠道扩大销售量。

5. 就操作系统来看

就操作系统来看，智能手机主要可以分为安卓系统手机、塞班系统手机、IOS系统手机、黑莓（Black Berry）系统手机、Windows Phone系统手机等。安卓系统因为开源性日渐成为手机市场的主导；塞班系统是曾经的操作系统王者，但不具有开源性和技术的落后等原因日渐被消费者抛弃；IOS系统为苹果公司开发的操作系统，主要搭载在该公司产品，代表产品Iphone系列；黑莓（Black Berry）系统由加拿大移动研究公司（RIM）开发，在美国市场占有率较高，但由于缺乏软件支持和不适合国人使用，在我国国内并不普及；Windows Phone 系统由微软开发被视为最具有潜力的智能机操作系统，最近微软与诺基亚合作生产搭载 Windows Phone 系统的手机，用以提高该系统的市场占有率。

从小米手机的操作系统来看，小米手机搭载基于安卓系统开发的米柚（MIUI）系统。该系统小米科技负责开发，该系统可以提供更为流畅和更为符合国人操作习惯的系统，并且每周提供经过优化的版本下载用于改善手机操作系统。该系统从发布至今获得了广泛的好评而且米柚（MIUI）也是小米公司的核心业务之一。

（二）互联网环境下的市场营销更具效率

中国互联网络信息中心相关统计报告显示：截至 2011 年 12 月底，中国网民数量突破 5 亿，达到 5.13 亿人。互联网因为具有传统营销模式不具有的优势日渐成为各个企业重要的营销模式。

互联网具有的优势主要来自以下几个方面：

1. 互联网有利于产品设计

手机产品往往具有更新速度快、生命周期短等特性，要想在较短的周期内取得产品利润的最大化就要求手机厂商不仅在产品质量、售后等方面符合消费者的需求，也要求产品的外观、功能、配置等也要符合消费者的需求。要符合绝大部分消费者的需求就必须进行产品批量生产以前的市场调查，用以预期该产品的市场反应、市场容量以及调查产品外观设计和功能等是否符合消费者的需要。而互联网数量庞大的网民则为该调查设计提供了样本空间。并且基于网络的市场调查成本与其他的市场调查相比具有互动性、及时性和经济性。互动性，即可以允许消费者与调查者进行充分互动；及时性，即利用网络的传输的快捷性及时提供调查数据，经济性，即网络调查的成本与其他的调查方法相比具有经济性。

2. 互联网有利于产品宣传

利用互联网宣传具有图文并茂和生动的特点，并且可以通过网络将企业的相关信息发送到目标顾客，可以使消费者足不出户既可以通过网络了解到企业产品的相关信息节约消费者的隐性时间，而且与传统的广告方式相比同样具有经济性和快捷性等优势。互联网是目前年轻人首选的获取的信息方式，通过一系列的事件营销可以始终保持企业的关注度从而有利于企业产品的销售。

3. 互联网有利于产品生产

互联网对于企业的产品生产作用主要体现在以下几方面：

（1）有利于满足消费者的个性需求，主要是利用互联网提供一个可以根据消费者需求创建满足个性化商品的平台，从而使的企业的产品更具有针对性从而提高客户满意度。

（2）有利于企业之间的协同作用，主要指利用互联网可以在企业内部和企业之间通过电子数据交换（Electric Data Interchange）、局域网和信息管理系统提升本企业与上下游企业和企业内部之间的沟通和协同，从而加速产品生产提升资金流通速度。

（3）有利于降低产品库存，基于互联网的销售可以及时地获得客户订单并更具订单进行原材料采购和产品生产，从而实现按订单生产以降低库存节约费用。

4. 互联网有利于产品销售

利用互联网进行产品销售与传统的店面销售相比可以节约员工费用、宣传费用、店面租金等成本，可以将节约的成本用于降低产品售价提升产品的竞争力。网络购物与传统的购物相比具有的最大优势就是价格优势，而价格对于消费者来说是最受关注的因素。

5. 互联网有利于中小企业竞争

中小企业与大企业竞争时受制于品牌、资金、技术等缺陷往往并不能与大企业公平竞争，而通过网络则为中小企业提供了一个与大企业公平竞争的平台。因为每个企业在互联网上的地位是平等的，每个企业都可以将自己企业的信息传递给消费者，而且对于中小企业来说，网络营销所具有的经济性特点则可以成为其与大企业竞争的有力武器。

6. 互联网有利于小米手机营销

作为一家主要以互联网业务为主营业务的公司，小米公司本身对互联网的营销的优势、互联网的营销环境有比较深入的了解。小米公司采用线上销售的模式即利用了互联网经济性的优势，也正是通过互联网小米手机才能通过较低的价格形成优势提升竞争力。小米手机的宣传主要是基于网络媒体和网络用户，而小米公司原有米柚（MIUI）论坛的用户则为小米手机的销售和宣传起到了重要作用。小米米柚（MIUI）论坛截至目前拥有用户超过百万，其中大部分用户都使用过小米公司米柚（MIUI）系统对小米公司发布的产品拥有好感和购买热情，并且他们对小米手机使用过程中发现的问题会通过小米论坛发布到互联网，就像小米手机的“掉漆门”等都是通过论坛发布到网络引起媒体和网民的关注。通过论坛用户发布的使用体验和网络媒体发布关于小米手机的评测和新闻等消息也会引起消费者的关注，从而提升小米手机的关注度。可以说没有互联网的环境小米手机不可能取得如此成就。

四、小米手机成功的关键因素

（一）小米手机准确的市场细分与定位

目前中国手机用户接近10亿，各大手机厂商在市场上激烈竞争，面对国际和国内手机厂商强大的技术和资金实力，小米手机只有找到自身的优势和避免与竞争对手的优势竞争才能在激烈的手机市场站稳脚跟。手机市场由于市场竞争激烈，各手机厂商纷纷面向细分市场推出各种手机，如音乐手机、拍照手机、商务手机、老人手机、女性手机等，各种手机往往都突出某一方面的功能。小米手机定位为“发烧友”手机，手机“发烧友”的特征主要是注重手机配置，往往追逐较高的配置，对价格不是很敏感。他们往往同时拥有多部手机，他们对各种手机的各种功能参数都比较熟悉。目前市场上还没有专门定位于“发烧友”的手机。小米手机定位于“发烧友”手机，确实抓住了细分市场下的小部分消费者。由于消费者基数很大，只要占据其中一定比例就可以为企业的生存提供保障，而且对于“发烧友”具有较强的吸引力的手机通常具有较高的配置，对普通消费的吸引也较强。这些进一步为小米手机的营销奠定了基础。

（二）高端配置和超低价格形成的性价比优势

1. 国内首款双核 1.5GHz 手机，全球主频最快手机

2010 年的手机市场上，主频达到 1GHz 以上的处理器已经是高端智能手机的标准配置，而到了 2012 年手机市场上双核处理器已经成为主流配置，各大手机厂商争相推出自己的双核手机，随着各大手机厂商纷纷推出双核手机，手机已经进入双核时代。双核手机与单核手机相比具有更快的处理速度，能够更流畅的处理多个任务，能够极大提高智能手机的运行速度，能够提升用户更好的多媒体和娱乐体验等优点。小米手机使用高通公司 MSM8260 1.5GHz 双核处理器（Snapdragon S2），小米公司在小米手机发布会上宣传该处理器比 1GHz 单核处理器性能提升 200%，比顶端智能手机（双核 1.2GHz）性能提升 25%；小米手机系统经过优化后整体性能还会提升 30%。为了更好地提高手机的流畅度，小米手机还搭配了 1G 随机储存器（RAM）和 4G 只读内存（ROM）。强大的处理器和内存保证了小米手机可以运行任何大型 3D 程序。为了减少双核手机带来的高发热

量，小米手机还采用了石墨散热技术，能够有效地解决手机发热的问题。为了解决双核智能手机耗电量高的问题，小米手机采用的电池比一般智能手机电池高出 30% 的性能，能够有效地延长手机的待机时间和使用时间。

2. 16∶9 的 4 寸夏普 AVS 屏

目前手机市场上主流的手机屏幕大小为 3.5 寸和 4 寸大小，更大的屏幕能够为用户带来更为出色的手机体验，现在有的手机屏幕达到了 5.3 寸，但是过大的屏幕并不适合亚洲人的手形，尤其对女性并不实用，4 寸的屏幕对中国人的手型来说是比较适合的，符合大众的需求。小米手机采用夏普 4 寸 AVS 屏幕，分辨率达到 854×480，具有更为清晰的图像表现能力，也使得小米手机具有更好的使用体验。由于采用半透半反射技术使得小米手机即使在阳光直射下也能够清晰的呈现画面，出色的屏幕使得小米手机可以满足消费者的对手机视觉的需求。

3. 信号好

小米手机能够支持 7 种网络频段包括全球移动通信系统（GSM）4 个频段和宽带码分多址（WCDMA）3 个频段，能够支持移动公司和联通公司的 2G 网络，支持联通公司 3G 网络。小米手机能够支持无线网络 WIFI 和蓝牙技术，用户不仅可以通过运营商联网还可以通过无线网络联网。同时小米公司能够提供全球定位导航服务。全球定位不仅能支持美国全球定位而且能够支持俄罗斯格洛纳斯（GLONASS）导航系统。小米手机能够提供辅助 GPS（A－GPS）导航支持。

4. 外形设计

小米手机秉持“没有设计就是最好的设计”，所以小米手机的外形显得简洁和内敛。小米手机尺寸为 125 毫米×63 毫米×11.9 毫米，重量为 149 克，机身正面只有三个触摸键分别为菜单键、桌面键和返回键，机身侧面有一个米健、音量键和通用半行总线（USB）接口，整个手机没有过多的装饰，并且机身颜色为黑色，处处体现着简约的原则。小米公司还为该手机提供了各种色彩的保护壳和外饰，为用户提供了更多选择。

5. 相机

目前市场上手机摄像头主要是500万和800万像素，小米手机采用800万像素摄像头符合目前市场主流，具有大光圈（F 2.4）和数字防抖技术，具有出色的拍照功能，并且能够拍摄最高等级高清（1080P）的视频。800万像素的摄像头满足了一般消费者的拍照需求。

6. 米柚（MIUI）+安卓无锁双系统

安卓系统由于其开放性使其成为目前流行的智能机操作系统，但由于原生安卓系统在某些方面并不符合中国人的习惯，所以产生了符合中国人习惯的操作系统。其中小米公司的米柚（MIUI）基于安卓 2.3 定制，超过100多项的改进使得米柚（MIUI）更符合中国人的习惯。由于采取互联网方式开发，使得小米手机米柚（MIUI）系统能够不断更新，更符合中国人的操作习惯。由于采取无锁双系统，能够为手机"发烧友"提供更为安全的刷机环境，"发烧友"不再担心刷机导致的手机崩溃问题。

（二）低价格

从图7-3、图7-4中我们可以看出除了苹果手机以外其他手机厂商产品均价都在2 000元左右，在这些厂商的产品中也有不少产品在配置上可以与小米手机竞争。尽管有些手机在产品配置上不能和小米手机相比较，但是凭借其产品品牌和售后服务等方面仍然对小米手机具有较大的威胁，而一个准确的定价则可以让小米公司在激烈的竞争中生存下来。受限于收入水平，消费者在选购手机时最注重的仍然是价格，其次才是质量等其他因素。根据互联网消费调研中心的报告，售价在1 000~2 000元的手机最为消费者关注，毫无疑问小米手机只有在这个区间才能获得消费者的最大关注。根据市场营销学知识，企业采取

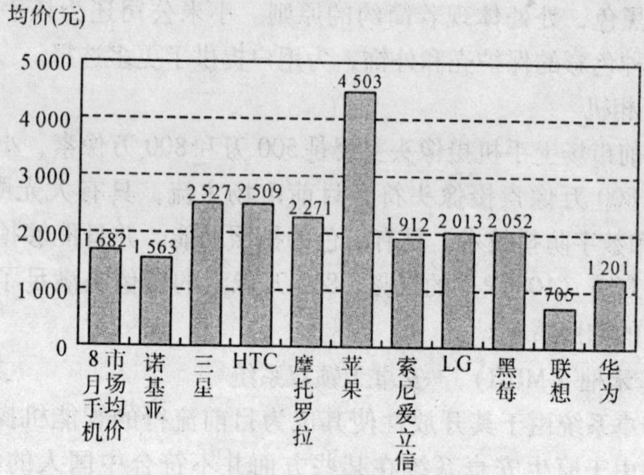

图 7-3 2011 年 8 月，中国手机市场主流品牌产品均价对比图

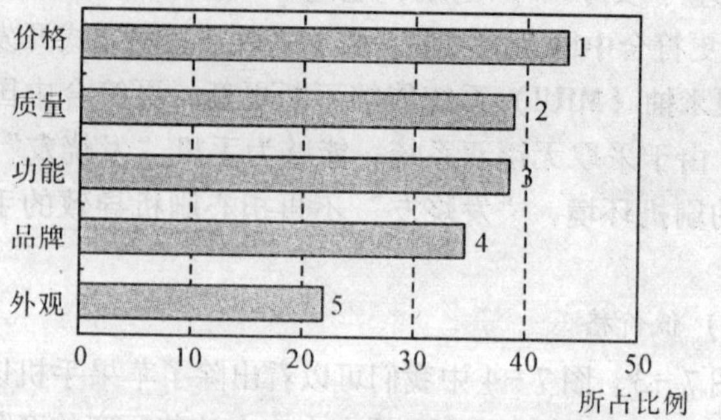

图 7-4 中国网民购买或更换手机时注重的因素排序图

的定价策略主要包括撇脂定价、渗透定价、尾数定价、声望定价、习惯定价等多种定价方法，考虑到手机作为需求弹性较大的产品且手机市场竞争格局竞争激烈，以及小米公司的战略是通过手机终端的销售来推动软件的盈利的战略，需要以较低的产品价格来提高市场占有率。所以小米公司采取了渗透定价策略和尾数定价策略，即通过 1 999 元的价格和高端的配置来获得消费者的认同从而迅速占领市场。

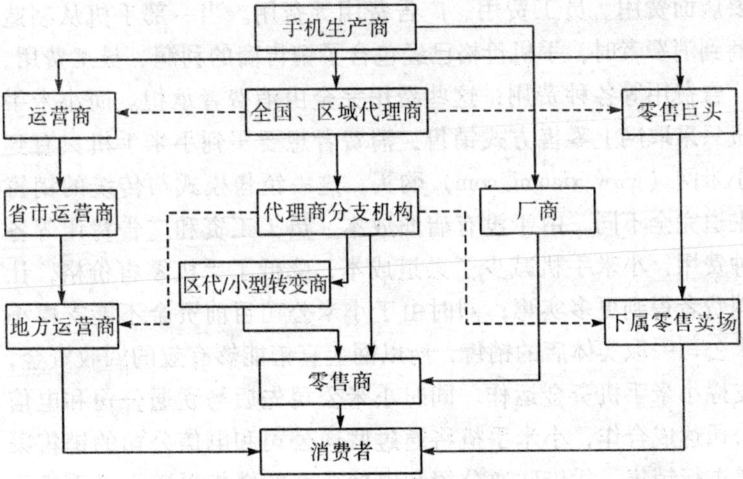

图 7-5　传统手机销售渠道图

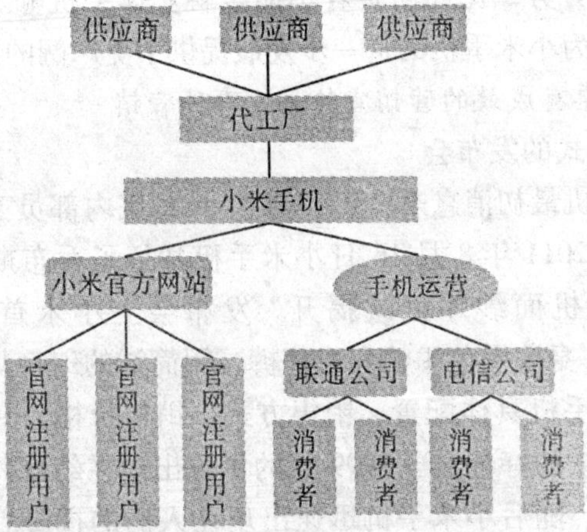

图 7-6　小米手机销售渠道图

（三）开创手机销售的新模式——线上销售模式

传统的手机销售渠道主要销售渠道包括全国总代理、区域总代理、各大卖场、手机运营商和专卖等组成，这些渠道都需要店面费用、员工费用、广告费用等费用。当一部手机从制造商到消费者时，手机价格已经包含了销售商的利润、员工费用、广告费用等各种费用，这些费用完全由消费者承担。而小米手机只采取网上零售方式销售，消费者想要买到小米手机只有到小米网（www. xiaomi. com）购买，这一销售模式与传统的销售渠道完全不同。由于没有店面成本、员工工资和广告费用等各种费用，小米手机减少了渠道成本，降低了手机零售价格，让消费者得到更多实惠；同时由于小米公司目前资金不能支撑小米公司采取实体店的销售，所以网上直销能够有效的回收资金，支撑小米手机资金运作。同时小米公司先后与联通公司和电信公司达成合作，小米手机将通过联通公司和电信公司的销售渠道进行销售，凭借联通公司和电信公司的销售渠道小米手机可以获得联通公司和电信公司的高额话费补贴，并且可以克服线上销售一些劣势，比如消费者不能接触实体手机等。获得联通公司的定制为小米手机的进一步发展提供了更广阔的空间。

（四）卓有成效的营销宣传——事件营销

1. 苹果式的发布会

小米手机最初消息来自于2011年6月底内部员工和供应商爆料。直到2011年8月16日小米手机举行了乔布斯式的发布会，小米手机面纱才正式揭开。发布会上小米首席执行官（CEO）雷军身着黑色T恤和牛仔裤，用简洁的幻灯片一步一步地介绍小米手机具体配置、销售方式、销售价格，一点一点地引起在场观众的好奇，当1999元的售价出现在幻灯片上时，场下掌声一片，随后小米手机迅速出现在人们的视野。从最初的消息来源到乔布斯式的发布会，小米公司成功地通过揭秘式的方式把小米手机推向消费者。

2. 发布工程版手机

2011年8月29日，小米手机工程机面向用户发售，一共600台每天发售200台，比正式版本售价便宜300元，售价1 699

元。小米手机这一举动又引起一阵争议，业内人士表示通常工程机只是用于内部测试以及让媒体和机迷等试用而不会出售，而小米公司则表示发布工程机只是一项活动，目的是为了回馈老用户。小米手机这一举动又成功吸引了媒体和消费者的注意。

3. 热炒“购买资格”

消费者在小米手机官方网站购买小米手机时可以使用小米手机 F 码，从而避免排队等候和因为缺货等因素提早获得小米手机，但小米官方网站拥有小米手机 F 码的大多为小米官方论坛的版主、高级用户等，普通消费者很难获得。由此导致一部分拥有小米手机 F 码的用户在网络兜售小米手机 F 码，这引起了一部分消费者的关注，也引起了一部分媒体的关注，小米手机也因此再一次成为人们关注的焦点。

4. 泰国水灾和发售延期风波

2011 年 10 月，小米手机联合创始人在论坛发布小米手机调整发货日期和调整出货量，公司官方解释是电池封装和泰国洪水的影响导致这次发货调整，这一解释并没有消除消费者的质疑，各大媒体和消费者推测小米手机进行“饥饿营销”。随后小米公司首席执行官雷军对此解释声明小米手机绝对不是“饥饿营销”。毫无疑问小米手机又吸引了大众的眼球。

5. 和中国联通、中国电信开展战略合作

2011 年 12 月，小米手机与联通公司合作推出小米手机联通定制版，2012 年 2 月，小米手机与电信公司合作推出小米手机电信定制版。小米手机与两大运营商的战略合作再一次吸引了媒体的关注。

6. 充分利用雷军个人影响力

小米公司首席执行官雷军作为金山软件公司董事长，同时也是天使投资人先后投资了凡客诚品、多玩、优视科技（UC-WEB）、小米科技等多家创新型企业。雷军本人作为信息技术成功人士有着传奇的经历，也有着令人艳羡的成就，雷军这些光环也被小米公司发挥到极致。过去雷军每天微博的数量控制在2~3条左右，但在小米手机发布前后，他不仅利用微博高密度宣传小米手机，还频繁参与各种媒体活动，如新浪微访谈，出席腾讯微论坛、极客公园等。雷军还充分利用自己的人脉优势调动自己身边朋友宣传，例如，把一段“来自雷军朋友们的祝福”的视频拿到小米手机发布会现场播放，包括多玩网首席执行官李学凌在内的几位知名人士纷纷将苹果手机扔进垃圾桶，以示力挺小米手机。这一切无不利用了雷军个人魅力，就像苹果公司的乔布斯一样，一提到小米手机人们就会自然而然地想到雷军。

五、结论

通过以上的分析，我们可以分析出小米手机为什么可以取得如此巨大的成功。依托于国内巨大的市场容量，小米手机可以通过准确的市场定位获得一定的市场份额。根据规模经济理论，随着产量的提高，小米手机成本会随着的产量的提高而减少最终获利。由于目前我国人均收入还比较低，限制了消费者的购买能力，消费者只能根据他们的收入来确定他们的购买商品的价格。而消费者在他们选择的商品的价格范围内会追求效益最大化，也就是商品的性价比。小米手机就是依托超高的性价比获得消费者的青睐。目前我国知识产权的保护力度远远落后于发达国家，而小米手机作为以安卓系统为平台的手机必然会涉及专利问题。小米手机目前申请的专利只包括手机附件的设计专利，没有核心知识产权是小米手机的一大缺陷，但目前的立法现状和人们知识产权的意识为小米手机提供了宽松的法律环境。整个手机市场由于安卓系统兴起和塞班系统衰落也为手机厂商的重新洗牌奠定了基础，安卓系统由于具有开源性和免费的特点日益成为手机厂商操作系统的首选。也因为开源性的特点使得消费者能使用更多的共享软件从而提升系统的可玩性，所以消费者对该系统也比较喜欢，也正是依托安卓系统开发的米柚（MIUI）系统为小米手机带来的良好的操作体验从而获得消费者的认同。目前国内手机市场竞争激烈，各大厂商都纷纷推出自己的智能手机占据市场，但从高端市场来看还是以国外手机巨头产品为主，依托于质量、服务等优势这些产品售价往往很高。从低端市场来看主要是国内手机厂商占据很大份额，但高端和低端手机市场由于市场定位和目标客户明确对小米手机并没有很大威胁。从中端市场来看也因为配置和价格与小米手机相比不具有优势也对小米手机没有很大威胁。从小米手机的消息的来源到小米手机正式发售都是通过互联网这个平台，正是借利互联网和其传播速度快等优点才使得小米手机能以较低的价格销售，也才能使小米手机信息能迅速地在消费者之中传播，可以说没有互联网这个平台小米手机也不会取得如此成就。在以上的环境中小米公司准确的认定自己的市场定位，把小米手机定位为“发烧友”而推出的手机从而避免了与其他厂商冲突。在产品设计上小米手机凭借其出色的硬件和自家的米柚（MIUI）系统也让其产品与其他高端手机能够相差无几，但由于小米手机采取代工生产和线上销售模式，其价格比其他同类型产品要低很多。在利用其产品的性价比优势的同时，小米手机持续利用各种方式来持续吸引消费者和各大媒体的注意，激发消费者购买的欲望。

综上所述，我们可以得出结论：正是由于中国独特的市场环境和市场结构外加小米公司的出色的营销策划，小米手机才能取得如此巨大的成功。

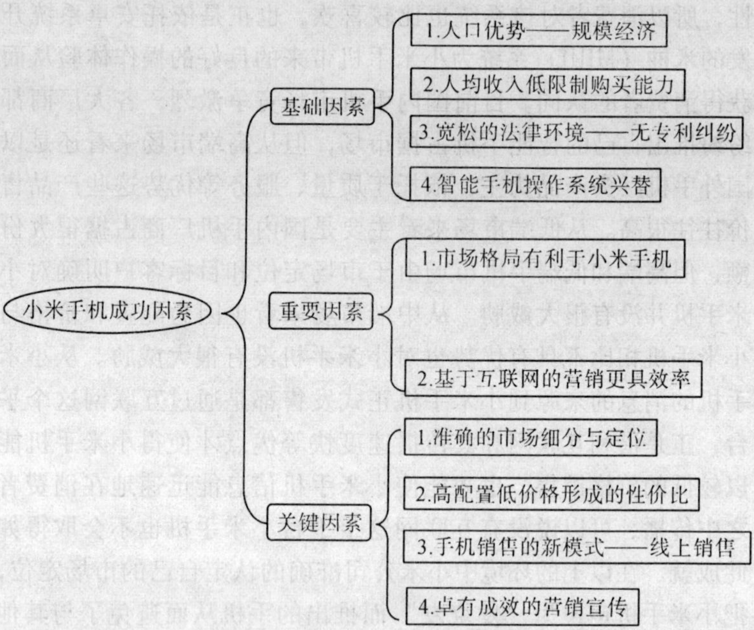

图 7－7 小米手机成功因素图

思考与讨论

1. 查阅资料，苹果手机的商业模式是怎样的，小米在哪些方面进行了借鉴?

2. 小米与山寨手机相比哪些方面做得更好?

3. 2000 年国产手机曾有过短暂的辉煌，查阅资料，其衰落的原因是什么，小米会再次步入同样的陷阱吗?

4. 诺基亚在智能机时代衰退的原因是什么?

参考文献

[1] 高鸿业．西方经济学 [M]．5 版．北京：中国人民大学出版社，2011.

[2] 李成文. 企业战略管理 [M]. 成都：西南财经大学出版社，2009.

[3] 黄浩，钟大辉. 市场营销学 [M]. 成都：西南财经大学出版社，2009.

[4] 周三多. 管理学 [M].3 版. 北京：高等教育出版社，2010.

[5] 宋文官. 电子商务概论 [M]. 北京：清华大学出版社，2006.

[6] 梁东，刘建堤. 市场营销学 [M]. 清华大学出版社，2006.

[7] 张燕. 饥饿式营销浅析 [J]. 中国集体经济，2009 (12).

[8] 罗玲，于洋. 电子商务中消费者心理与行为分析 [J]. 特区经济，2006 (12).

[9] 蓝进. 试论市场定位、产品定位和竞争定位之间的关系 [J]. 商业研究，2007 (10).

[10] 尹磊. 中国手机市场结构分析 [J]. 西安邮电学院学报，2008 (3).

[11] 王京安，豆广平. 手机产业中“山寨现象”的产生条件 [J]. 江苏科技信息研究与交流，2009 (9).

[12] 晋自力. 商品定价应考虑需求弹性 [J]. 北方经贸，2006 (6).

[13] 蔡利. 基于顾客网络消费心理的网络营销策略研究，2011 (7).

[14] 王长海，余蕾. 大众消费心理与网络营销 [J]. 长春工程学院院报，2002 (3).

[15] 刘士芳，张露霖. 网络营销在企业中的应用 [J]. 重庆电力高等专科学校学报，2008 (6).

案例八 企业文化与企业变革：宜宾零距离

杨波 黄园园

宜宾聚成·零距离企业管理咨询顾问公司是一家小公司，人数最多时也只有二十几名员工，随着其加盟聚成资讯集团，逐步承接了聚成公司积极的健全的企业文化。优秀的企业文化帮助其不断发展。然而宜宾零距离企业管理咨询公司终止与聚成公司的合作后进行了一场本不涉及企业文化的变革，却因为与其优秀企业文化的背离，最终导致了这场变革留下了很多遗憾。

一、聚成公司概述

2003 年 6 月，聚成公司在深圳成立，成立时只有 6 个人，公司首创了“学习卡模式”。2003 年 8 月，聚成公司在深圳成功举办了第一次大型公开课；2003 年 10 月，在深圳听公开课的人数首次突破 1 000 人。

2004 年 3 月，聚成公司建立了第一家省内分公司——佛山分公司；2003 年 8 月，第一家省外分公司——长沙分公司成立。

2005 年 5 月，聚成公司被评为“中国深圳行业（咨询服务）10 强企业”；2005 年 9 月，荣获广东省企业管理咨询协会“副会长单位”称号，刘松琳董事长当选该协会副会长；2005 年 10 月，荣获“中国知名企业”称号，入选中国知名企业数据库。

2006年至今，聚成公司经历了一个快速发展时期，已发展了聚成管理资讯集团，旗下拥有聚成管理科技咨询公司、聚成在线商学院等五家公司。公司经营培训和管理咨询相关的各种业务，在全国各地拥有70多家分公司，员工7 000多人。公司以“帮助企业成长，富强我的祖国，为实现中华民族的伟大复兴而努力奋斗”为经营理念，以“100年只为做好一件事”的专业精神，为中国企业提供优质的管理咨询服务。

二、聚成公司与宜宾零距离

2007年5月，绵阳聚成华企科技有限公司的十几名员工来到宜宾，建立了聚成宜宾办事处，标志着聚成公司正式进入宜宾市场。

2007年6月，经过一个月的努力，聚成公司在宜宾市场逐渐打开了市场，也得到了一些宜宾商界人士的认同。原宜宾怡安集团办公室主任在宜宾成立了零距离企业管理咨询顾问有限公司（以下简称宜宾零距离），并随即加盟了聚成（绵阳）华企科技有限公司。

2007年7月，宜宾聚成·零距离企业管理咨询公司在川南人才市场进行了第一次公开招聘。这次招聘奠定了以后公司发展的基础。这些被招聘的人中包括了以后的营销总监以及三个经理。

2007年11月，宜宾聚成转而加入成都聚成华企在线商学院，在以前的基础上，开始销售在线商学院。原来从绵阳到宜宾开拓市场的聚成员工全部撤离宜宾，到新疆开拓市场，宜宾聚成开始了自己的经营。公司沿用了聚成科技的主要经营模式，仍然以公开课为主，公司经营的产品包括公开课、拓展训练、内训在线商学院等。

2007年12月至2008年4月，宜宾聚成进入了快速发展时期，五粮液旗下宜宾制药和安吉物流、四川盐业宜宾分公司、欧派橱柜、精英通讯、捷安汽车、金汶鞋城等40多家企业购买了在线商学院，这几乎赶上了成都同期的销售量。同时，宜宾聚成公司每月都积极开设很多的公开课，先后有近千家公司或个体经营户的员工接受过各类课程的培训。

2008年5~6月，由于地震的原因，宜宾聚成安排的课程很少，公司业绩也迅速下滑。

2008年7月，聚成公司精心策划的总裁培训班的顾客满意度不高，失去了一些重要客户。公司员工士气低落，甚至出现集体抱头痛哭的现象。然而即使在这种境况下也没有任何一名员工离开公司。

2008年8月1日，宜宾聚成开始了第二次公开招聘，这次招聘奠定了以后的独立经营的人员基础。同时，公司也进入了最鼎盛时期，当月的公开课培训人数超过了以前的任何一个月，员工士气也得到很大提升。

2008年10月，宜宾零距离企业管理咨询公司正式宣布终止与聚成公司的合作，走上了独立发展的道路。

三、聚成企业文化

这是一个压力很大的行业，不仅因为是做销售，更因为是做的无形产品的销售。员工对工作环境和工作氛围的要求很高，他们需要鼓励，需要温暖，正是基于此，聚成公司的最初的创业者们在公司的不断发展中逐渐创造了尊重个人、富有激励性、温暖的人性化的企业文化。聚成公司总结为6个字，即“军队+学校+家庭”，随着聚成公司的发展，这6个字也被带到了全国的各地，这是他们引以为自豪的东西。聚成公司将其发展的主要原因也归结于其强有力的企业文化，在公司的发展简介中也赫然写着2006年9月“军队+学校+家庭”荣获中国最佳企业文化理念奖。

“军队”代表了聚成公司员工拥有军队一样的纪律。这种纪律也代表了公司对执行力的要求，员工必须遵守公司的制度，一旦与制度不符，就会要求“乐捐”，员工也必须服从上级的管理。公司有首《做事歌》：今天的事，马上去做；明天的事，准备去做；困难的事，勇敢去做；复杂的事，细心去做；不会的事，学着去做；集体的事，带头去做；自己的事，抽空去做。“军队”更意味着聚成公司要求员工拥有像军人一样的气质，在员工与客户的沟通中，也要求员工要保持军人哪种不卑不亢的气质；在每天例行的早会中有一个很重要的环节就是士气展示，要求每个营销分部成员大声喊出各自的队名、口号以及目标。

“学校”代表了公司对员工不断学习，提升自己的要求。作为培训公司，公司本身也为员工提供了很好的学习平台。新员工在进入公司后都会有一个老员工负责帮助其成长，工作中的问题都会得到帮助。公司本身拥有一个在线商学院，上面有公司大多数讲师的视频，每个营销分部拥有一个免费账号，员工可以利用空余时间上网学习。更为有效的方式是“分享”，每天早会和夕会都会有这个环节，所有人坐到一起相互交流，任何自认为有用的东西都可以相互交流。有什么问题都会有人帮助解答，正是在这样的学习环境中，员工得到了不断的成长。

“家庭”代表了一个和谐轻松的公司氛围。聚成公司称呼自己的员工为“家人”，就是希望每一位员工都能把聚成公司当作家，把同事当成家人一样对待。公司高层也多次强调“公司要为客户提供五星级的服务，而这些服务来自于我们的家人，所以要为客户提供五星级的服务，必须先为我们的家人提供五星级的服务”。正是基于此，聚成公司并没有制定太多日常的管理制度，除早会和夕会有严格的时间要求外，其他时间员工可以按照自己的时间安排开展工作。如果需要帮助，可以向任何一位员工或管理者请求，其他人都会在能力之内尽力而为。公司为缓解员工的工作压力以及拉近员工之间的距离，每月也会安排一系列的活动，如爬山比赛以及一些户外拓展训练等。同时公司也鼓励员工在下班后一起聚会，以增进相互之间的了解。

正是在这些活动中，聚成公司逐渐形成了积极的轻松的人性化管理方式。“军队＋学校＋家庭”也成了聚成公司企业文化的代名词。

四、宜宾零距离的变革

2008年10月6日，公司员工和往常一样来到公司上班，也和往常一样在听到支持人问好之后高喊“聚成好”，但是随后宜宾零距离的管理者却宣布正式终止与聚成公司的合作。并将进行一系列改革，以帮助企业扩大业务，增强竞争力。随后要求员工去除任何聚成的东西，包括标志、胸牌、海报、横幅等在内的东西都被摘掉。2008年10月25日前后，宜宾零距离公司相继推出了一系列改革措施。

具体措施总结如下：

1. 战略改革

公司公布了三年期战略计划，即第一年工作重心放在宜宾现有市场，尽最大努力服务好客户，巩固宜宾现有市场；第二年服务好原有客户的同时，积极扩大市场，挣取做到宜宾培训行业的第一位；第三年巩固宜宾市场，同时积极扩大影响力，进入整个川南地区。发展方向方面，仍然以培训为主，发展各种形式的培训课程，同时积极扩大讲师团队，发展与企业管理相关的各种管理咨询业务，而不是原有的只经营与聚成公司相一致的各种业务。

2. 组织结构变革

将公司现有的两个部门，即营销部和财务部，扩大为五个部门，即营销部、财务部、行政部、客户服务部以及产品研发部。设置两个副总，一个分管行政部和客户服务部，另一个副总分管营销部和产品研发部。营销部和财务部职责不变，行政部主要负责公司日常的行政事务，客户服务部负责对已有客户资料进行整理，做好售前、售中、售后的整个服务性工作，产品研发部针对客户服务部所提供的客户需求信息研发相应的培训或咨询产品。

3. 管理方式变革

强调组织的层次性，要求员工在反映情况或需要帮助时进行逐级向上的方式，同时推行制度化管理。公司补充了多项管理制度，要求员工在工作中严格遵守制度规范，改变原有的较为随意的管理方式。

4. 人事变革

由一位外聘的在房地产公司和保险公司行政部工作过多年的管理者担任公司的副总，分管行政部和客户服务部，另一位分管营销部和产品研发部的副总以及营销总监将由内部产生，公司人人都有资格竞争这两个岗位，公司将根据未来一定时间的考查确定合适的人选接任

5. 薪酬变革

将原有的“基本工资+提成”改革成“基本工资+公司提成+个人提成”的新潮方式，总的提成水平不变，而是将以前的提成分成两部分。一部分为个人提成，比例下降；另一部分为公司提成。每个人按同样比例提成然后平均分配，用以缩小公司员工之间的收入差距。

这场变革前后持续了近20天，好的结果是公司逐渐改变了以前聚成以公开课为主的经营模式，开始探索自己的经营模式，公司在宜宾市场也逐渐拥有了自己的影响力。然而坏的结果是以前和公司一起成长起来的十几名老员工全部离职，其中包括一位总经理助理以及第一次招聘产生的3个经理，以及他们所拥有的大量客户资源，留下的都是进入公司的新员工。最终的结果是宜宾零距离公司在此后的几个月中业务迅速下滑，公司出现严重的亏损。

五、宜宾零距离变革失败原因分析

经过对变革措施和过程的分析以及与大量的公司员工进行访谈，我们认为宜宾零距离公司失败的原因有以下几个：

（一）变革准备不足

公司管理者只公布了未来三年的战略规划，而且这个战略规划只是一个未来三年目标的语言描述，缺乏对任何实现这些目标所应有的战略分析以及战略实施的过程控制策略；没有更为详细的竞争战略以及职能战略；对于公司的经营理念，公司管理者在改革开始后甚至要求员工提供备选方案。

2008 年 10 月 6 日以前公司管理者并没有与员工就变革问题进行必要的沟通，很多人甚至不知道公司已经和聚成公司终止合作，更不用说变革了，使得员工的心理准备不足，到变革时很多人很不能理解。

公司管理者对可能出现抵制情绪的准备不足，从分歧发展到冲突需要一段时间，而管理者由于准备不足，在处理冲突时不仅没有采取有效的措施反而频频出现措施不当，最终导致事态更加严重。

（二）变革时间太快

管理者在一个很稳定的企业环境下选择了一种激进快速的变革方式，从变革开始到所有措施的实施只用了几天时间。而从过去几十年世界上很多变革的经验总结中可以看出，在稳定的企业环境中快速的变革导致失败的案例很多，原因在于快速的变革容易激发员工的不安情绪，从而导致员工的抵制。

（三）缺乏沟通

组织行为学认为缺少沟通是我们在生活中造成误解从而引起冲突的主要原因。而变革意味着会改变我们已经习惯了的价值观、行为模式和生活方式，势必会引发很多冲突。如果没有进行有效的沟通，冲突可能超出控制，向有害的方向发展。而这正是变革的管理者没有意识到的。

这场变革在开始之初就缺少必要的沟通准备，公司管理者在变革之前并没有与公司员工进行有效的沟通，到公司管理者宣布进行变革时，很多人都觉得很吃惊，进而出现私下议论。对这些早已习惯了“分享”的企业员工来说，是很难接受的，产生了很多不满情绪。

在变革的过程中，管理者更多强调的是管理层意志的执行，而没有注意员工对于这些措施的反馈，员工的不满情绪不仅没有得到很好的疏导，反而朝更加恶化的方向发展。在变革的第三天就发生了员工与管理层就一些细节是否变革的争论，某管理人员最后留下了一句话：“就算公司最后只剩下一个人，公司仍然能够照常运转。”这件事的结果是变革措施执行了，而就在变革措施执行的第二天，公司的 7 名员工同时出现在了附近的川南人才市场上。变革继续进行着，不满的情绪也在继续蔓延，到后来管理者似乎意识到了这一点，与 3 个经理进行了两次沟通，不过为时已晚，就在这两次沟通之后就有 1 个经理选择了离开。

等到十几个老员工相继离职后，公司管理者与剩下的员工进行了几次沟通，在一个员工生日时甚至公费请全体员工吃饭，管理者也和员工沟通了很久，不过更多的是针对以后的工作，对于之前离职的员工只用了一句话来概括：“我心痛，但不后悔。”之后公司逐渐稳定了下来。

（四）管理不当

其主要失误有以下几点：

1. 推行制度化管理

这是一家小公司，只有二十几个人，之前加盟聚成公司，深受聚成企业文化的影响，早已形成了很有弹性、尊重个人的人性化管理。公司强行推行在大公司比较常见的制度化管理，但是员工早已习惯人性化的管理，他们也早已形成了很好的职业精神。制度化的管理很难让人接受，也没有了推行的必要。早在20个世纪80年代威廉·大内就在其《Z理论》一书中说过，管理者最好的办法并不是利用管理的权威性，或是计算机的远程遥控，而是利用文化的微妙性。

2. 缺少沟通

在变革的过程中，管理层没有很好地与员工进行的沟通。这使得本就不得人心的措施很难推行，还使得公司员工与管理层之间的关系更加紧张。

3. 越权管理

在最初的组织结构说明中，一位副总的职责是分管行政部和客户服务部，然而在变革中却多次出现越权管理的现象，先是规定营销部的人员的考勤由行政部负责，后又从营销部调人到行政部，公司的日常事务都由其决定。这些行为引起了包括经理在内的很多人的不满。

（五）与企业文化的背离

这是这次变革失败的根本原因。强力型企业文化中，企业员工已经普遍接受了原有的企业文化，并形成了很强的凝聚力，对变革往往会采取抵制的态度，而这种凝聚力又使变革很难继续下去，因此，在强力型的企业文化中变革很困难。宜宾聚成公司正是在不断地发展和学习中，逐渐形成了这种强力型的企业文化，员工的凝聚力很高，在抵制无效的情况下，最终所有老员工选择了离职。

宜宾零距离公司加盟聚成公司一年多的时间，逐渐接受了聚成的企业文化，特别是那些与公司一同成长起来的老员工。在变革开始时，公司管理者也曾宣布将继续保留公司的企业文化，然而其后的变革中却多次与其企业文化相背离，在招致员工的反对后也采取强硬的态度，在这无形之中企业文化已经发生了变化，工作环境也不再那么和谐，最终导致老员工纷纷选择离开。

与企业文化中“家庭”的背离，这也是导致这次变革失败的最大的因素。有一位离职的员工是这么说的：“以前需要你的时候就当你是家人，现在不需要了就什么也不是了。”在聚成公司日常的工作中，被运用最多的一个词是“家人”，大家问好的方式总是那句“各位聚成优秀的家人，早上好”，公司员工不断重复着这句话，由此可见“家人”对他们的重要程度。而在变革中可以看到，由于推行制度化，“军队”的企业文化有所加强，而改星期六为学习日也增强了“学校”的重要性，而在变革管理过程中却与大大损害了“家庭”的重要性。这次变革与“家庭”企业文化的背离如下：

第一，公司要进行变革，这对于公司来说是一件很大很重要的事情，然而在公司变革的准备过程中，员工对此却一无所知。在缺乏心理准备的情况下，公司宣布变革，很多人心里都有一些不满，而此时管理者知道后，选择了一种沉默的方式，没有进行任何解释，不满情绪在蔓延。

第二，在老员工对变革产生强烈不满，与管理者发生争论之时，管理者并没有认真倾听员工的声音，没有与员工进行良好的沟通，而一味强调公司有“军队”一般的纪律要求，要求员工强制执行。

第三，在很多员工出现离职倾向之时，管理者并没有采取积极挽留的态度，而是采用了一种不在乎的方式，多次公开表示“即使公司只剩下一个人，也仍然能够正常运营”，员工很难在感觉到“家人”的存在。

正是这一系列与“家人”理念背离的变革行为，促使一位位与公司一同成长起来的老员工相继离开。

六、强力型企业文化中的变革管理（非企业文化变革）

在强力型企业文化中，员工对企业文化很重视，原有的企业文化已经得到了普遍的认同。员工之间也形成了比较高的凝聚力，对变革会产生很大的阻力。通过对以上案例的分析，在强力型企业文化中进行有效的变革管理应注意以下几个方面：

（一）不能背离主流的企业文化，这是整个变革管理最重要的工作（前提是变革的主要内容不是企业文化）

变革要成功必须使变革的支持力量大于抵制的力量，而在强力型企业文化中，员工很重视企业文化，企业文化已经成为他们生活中的一部分，背离主流企业文化的变革势必会遇到很大的阻力，而如果顺应主流企业文化可能会得到很多的支持，但至少不应背离主流企业文化。在上面的案例中，正是因为变革背离了宜宾聚成主流的已被老员工普遍接受的企业文化，最终使得那些即使在公司最困难也不曾想过离开的老员工选择了离开。而在变革中直接的与主流企业文化的背离，往往是一些细节问题，这正反映了企业文化的微妙性，因此在变革管理中应该特别重视。

（二）尽量采用平和的变革方式，“越是激进的变革，越应该采用平和的变革方式”

激进的方式代表着迅速的强大的冒险的力量，而平和的方式更注重潜移默化的作用。企业文化具有很大的微妙性，可以在很长一段时间内把员工凝聚在一起，为企业带来强大的生命力和凝聚力，强力型企业文化更是如此。如果采用激进的变革方式，势必会与主流企业文化发生很大的冲突，很可能为变革带来很大的阻力，因此这种方式在强力型企业文化的变革中是不可取的。企业文化的稳定性，注定采用平和的变革方式可以有效地减少变革的阻力，通过潜移默化的力量赢得更多的支持，从而保证变革目标的实现。

（三）重视员工的参与

变革的最终结果是要员工接受新的管理方式或者组织结构等，因此选择让员工接受的方式很重要。以往的很多经验已经证明，让员工被动接受的方式是一种很不合理的方式。不仅接受的程度和效率低，且很可能让员工产生抵制情绪，从而影响企业的凝聚力和员工的满意度，不仅会给变革带来不小的阻力，也可能会影响企业的经营业绩。而如果让员工尽可能地参与变革，有以下三个好处：首先，员工参与变革，让他们了解及时正面的变革信息，可以避免很多谣言和错误信息所造成的恐惧，从而减少很多因恐惧而产生的抵制变革的情绪；其次，员工参与变革，可以让员工感觉受到重视，可以提高部分员工的积极性；最后，员工参与变革，可以让变革管理者了解更多的员工诉求和反馈信息，增进变革管理者和员工之间的沟通，从而可以帮助变革管理者进行更为合理的决策。因此，重视员工的参与，加强变革管理者与员工之间的沟通，可以有效地减少部分阻力，也可以帮助变革管理者做出有效的决策，也是变革管理中应当注意的问题。

（四）重视对冲突的管理

现代组织行为学认为，冲突并不总是有害的，相反一定程度的冲突对组织可能产生积极的作用。在强力型企业文化下的变革管理中会产生很多冲突，首先应该明白这是很正常的，其次对这些冲突不能一味采取压制的态度，应根据不同的冲突类型和冲突阶段采取适应的方式处理，以便扬长避短，进行有效的冲突管理，从而促进变革管理的有效进行。组织行为学将冲突分为四种类型，即任务型冲突、过程型冲突、人际关系型冲突和功能失调型冲突。而前两种冲突在没有转化为后两种冲突的情况下对组织是有益的，同时功能失调型冲突的产生也要经历四个过程，即潜在的敌对、认知和确认、行为、结果。根据这四个阶段的特点，在第三阶段就需要有人出来进行有效的调节，否则冲突可能会失去控制。组织行为学发现导致冲突的根源在于缺乏沟通，因此要对冲突进行有效的管理应该重视沟通的作用，以便扬长避短，促进变革管理的有效进行。

（五）时间上的一定柔性

在强力型企业文化中，员工对变革可能产生很强的抵制情绪。在这个情况下，追求短时间内完成变革是不太现实的，而如果一味强求，可能会导致更多不满的产生，诱发其他问题，使得变革走向失败，从而影响企业的经营管理活动，给企业带来很大的麻烦。更为合理的方式应该是让变革的时间具有一定的柔性，根据企业变革的目标和现实，制定合理的变革策略，保证变革目标得到更为有效的实现。

在注意这些重点问题的同时，应该明确强力型企业文化下的变革管理是一个过程管理，要注意各个阶段的衔接。变革管理也是综合管理，在注意重点问题时，也要综合考虑各方面因素，对整个变革过程进行全面综合的管理，方能对变革进行有效的管理。

思考与讨论

1. 如何看待制度化管理与经验管理的文化冲突？
2. 企业文化在企业战略选择中有什么影响？
3. 企业变革与企业战略转移有何关联？
4. 如何评价文中提出的建议？

案例九　旅游产品的竞争策略：大英“中国死海”

杨波　熊丹

一、大英“中国死海”概述

大英“中国死海”位于四川省大英县蓬莱镇，是四川旅游产业的又一大新亮点，是北纬 30 度上的又一神奇景观。其海水（盐卤水）来源于 3 000 米的地下，出口温度高达 87 摄氏度，含盐量超过了 22%，以氯化钠为主，类似中东死海，人在水中可以轻松的飘浮不沉。水中富含钠、钾、钙、溴、碘等 40 多种矿物质和微量元素，经国家权威机构验证，对风湿关节炎、皮肤病、肥胖症、心脑血管疾病、呼吸道疾病等具有显著的理疗作用。据联合国教科文组织有关研究资料显示，人在“死海”中漂浮一小时，就可以达到一个小时睡眠的功效。

走进“中国死海”的大门，首先映入眼帘的是中东风格的独特建筑和充满热带风情的园林景观。再看先到的游客，或者着“沙滩装”在园区悠闲散步，或者着五彩缤纷的泳装在“海中”漂浮、嬉戏，或者在躺椅上享受着阳光浴。

“中国死海”旅游度假区依山傍水而建，规划控地 5 000 亩，总投资 10 亿元人民币，再现了 1.5 亿年以前古盐湖地下“死海”的独特风姿。旅游度假区以“死海漂浮”为主，结合了保健、疗养、休闲、现代水上运动等要素，建设形成的一个集健康性、时尚性、趣味性为一体的旅游度假胜地。

"中国死海"旅游度假区目前拥有三个"最"：

最大的内陆海滨恒温浴场。在这里，游客春、夏、秋、冬四季均可漂浮畅游。

国内目前最大的室内"死海漂浮"浴场及水上世界。

它的建筑跨度达114米，是目前亚洲最大跨度的民有建筑。室外漂浮区面积约3万平方米，可以同时容纳上万人在水中漂浮。

大英"中国死海"的诞生丰富了四川旅游业，它的产生以大英各项充足的资源为基础，这是它的一大优势，不仅节约了成本，而且保障了大英当地资源的充分利用。主要体现在以下几个方面。

1. 丰富的盐卤资源

1.5亿年前，大英还是一个四周为大海所环绕的浅水海滩，因距海水补给地较远，海水长期潮涨潮落沉积了大量的蒸发盐，水体浓度高。经地球造山运动埋入地下，形成叹为观止的地下古盐湖地质景观。丰富的盐卤资源给大英"中国死海"的产生创造了条件。

2. 独特深厚的文化底蕴

大英卓筒井发明于北宋庆历年间（1041—1048年）已有近千年的历史，它的钻探技术，揭开了人类用钻井方法开发贮存地下深处的矿产资源的序幕。卓筒井被誉为中国古代"第五大发明"。它奠定了大英丰富的文化底蕴，见证着大英先辈们聪慧的才智。现在大英保留有最原始、最古老的卓筒井技术。它作为人类历史文化遗产，已成为大英旅游的一个独特景色。如此独特深远的文化为"中国死海"的产生奠定了坚实的文化背景。

3. 丰富的水资源

凄江贯穿于整个大英，为大英经济的发展提供了充足的水资源。同时也为"中国死海"的产生创造了条件。

4. 优越的交通条件

2002 年 12 月，成南高速公路正式通车，它是四川省成都市至南充市的高速公路，为川北交通大动脉，全长 215 千米，比原成南路缩短了 100 千米。起于成都十里店，经成都、德阳、遂宁、南充 4 市，止于南充民建，与南充到广安的高速路相接，全线均采用全封闭、全立交高速公路设计。它的建立为“中国死海”的产生奠定了坚实的交通基础，同时还有其他的交通方式可以到达大英，如遂渝高速铁路、遂渝高速公路以及成达铁路等。方便的交通条件为“中国死海”的产生创造了条件。

“中国死海”作为一个现代旅游产品，它是四川省旅游业出现的一个新亮点。它的出现不仅填补了四川省旅游景区类型的一个空白，而且也丰富了国内旅游业态。从“中国死海”正式运营至今，它给大英县当地经济的发展带来了质的飞跃。它不仅带动了其所在地附近商品住宅区大面积的兴建，还带动了当地第三产业的迅速发展，解决了一些就业问题，为提高当地居民收入作出了应有的贡献。同时它的诞生不仅打破了川东旅游环线冷而不兴的旧格局，而且也还整合了遂宁旅游资源，在带动遂宁旅游业全面发展中起到了举足轻重的作用。又因为遂宁市政府高度重视“中国死海”，并把它列入遂宁市打造旅游三大精品之一以及优先开发八大旅游景区之一。而且遂宁市政府还提出把“中国死海”打造成启动川东北黄金旅游线的龙头和成南高速公路沿线旅游的龙头等。这一系列规划蓝图突出了“中国死海”重要的旅游价值，也肯定其还将继续为当地带来更大经济和人文效益的重要价值。

“中国死海”经过这几年的发展，取得了惊人的成绩。据报道，2004 年，“中国死海”的游客数量上升到全川各景区之首。2005 年，再创辉煌，仅“五一”黄金周期间游客接待量就达到了 10.3 万人次。它成为四川旅游界异军突起的“黑马”，甚至成为全国旅游界最热门的话题。更重要的是“中国死海”还是创意经济的典范。

二、大英“中国死海”的现状及存在问题

（一）调查

2008年3月，笔者对“中国死海”旅游景区进行了游客调查，共发放问卷100份，回收100份，有效问卷100份，回收率100%，有效率100%。问卷的内容主要是由如下部分构成：游客的基本情况，游客对“中国死海”的了解渠道以及对“中国死海”的总体感知等内容。问卷采用随机发放，对景区出来的游客进行调查。为提高抽样的代表性，家庭或旅行团只选其中一个样本，并且一对一发放，在征得游客同意的前提下，引导游客完成问卷，因此回收率和有效率高。

（二）游客基本情况分析

被调查游客的基本情况包含6个方面，分别是性别、年龄、职业、文化程度、月收入、居住地。第一，在性别方面。男性游客比重高于女性游客比重，实际比例可能要小，因为大部分女性游客不愿意填写问卷。第二，在年龄方面。18~34岁的游客占总人数的80%以上，这部分群众主要是刚参加工作不久，没有家庭负担，但有一定积蓄的青年以及空闲时间较多的高校学生；35~44岁也占据了14%，该年龄层出游多为单位组织。实际调查中，老年团也较多，但因年纪偏大，填写困难，调查难以进行，只能选择性抽样，所以实际比例应高于统计数据。第三，在职业构成方面。游客分布较分散，各种职业均有涉及，说明游客需求与职业关联性不大。第四，在文化程度方面。随着学历的提高，游客比重增加，体现了旅游需求与国民受教育水平息息相关。第五，游客月收入方面。所占比重最大的在1 000~2 000元之间，而月收入3 000元以上的游客所占份额并不大，说明并非收入越高，旅游需求越大。月收入1 000元以下也占较大份额，这主要是因为学生的比重大。第六，在游客居

住地方面。游客来源主要是四川省内。说明旅游资源的传播范围还很有限。

（三）游客行为分析

1. 游客出游方式选择

出游方式反映了游客在出游前的决策因子，出游方式影响到达目的地后的消费行为，因此掌握出游组织形式非常重要。调查发现，32%的游客属于家庭出游；62%的游客是和朋友或同事一起来的；6%的游客是独自出游。而在游客最愿意的出游方式调查中，显然，游客未来出游方式更倾向于自助游与自驾车游，这一比重达82%，占绝对优势。

2. 游客旅游动机

旅游动机反映了游客的需求，直接影响到了游客对“中国死海”服务的满意程度。调查中发现，62%的游客感觉“中国死海”的服务一般，小部分人不满意。而以休闲度假，观光游览为旅游动机的游客占多数，说明只有充分认识顾客的需求，才能提供给顾客满意的服务。

3. 游客对中国死海了解的信息渠道

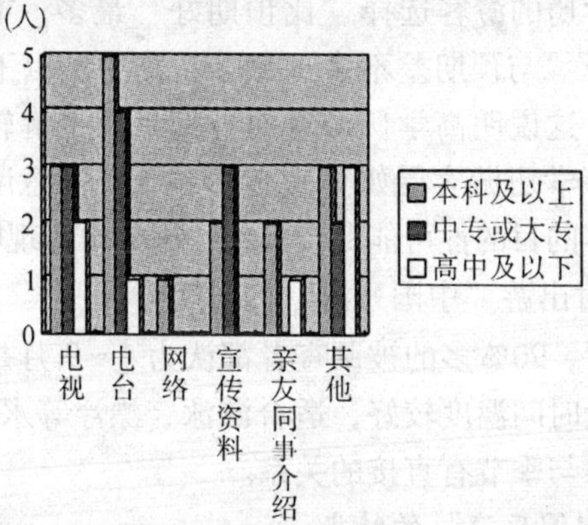

图9－1　不同学历游客对“中国死海”了解渠道的对比

调查发现，游客通过电视、电台、亲友同事介绍以及宣传资料了解到“中国死海”的占很大比重，而通过网络了解得很少。考虑到学历可能会对游客的选择产生影响，故对不同学历的游客了解的渠道做了进一步的分析，结果见图 9－1，高中及以下学历的游客对“中国死海”了解的渠道都差不多，而本科及以上和中专或大专学历的游客，则明显趋向于亲友同事介绍或电视、电台、网络。由此说明，高学历接触网络、电视、电台的机会较多，而且拥有更广的知识面，由于了解而产生更浓厚的兴趣。

4. 游客对“中国死海”的消费水平的评估

调查发现，62%的游客认为“中国死海”的消费水平适中；34%的游客认为中国死海的消费水平高。得到这一调查结果的主要的原因是在访问的游客中月收入超过半数是集中在 2 000 元以下，而高收入群体相对较少。

5. 游客对“中国死海”的总体感知

在接受调查的游客中，38%的游客表示“比预期好”，34%的游客表示“与预期差不多”，28%的游客表示“不如预期好”。中专或大专学历的游客选择“比预期好”最多，本科及以上学历的游客选择“与预期差不多”最多，高中及以下的游客选择差异不明显。这说明高学历游客对外部世界了解较多，认知趋于理性；中等学历游客受媒体宣传影响大，满意度高；而高中以下学历游客的目的性可能比较模糊，因此未出现明显趋向。

6. 游客对出游“中国死海”的时间分析

总体来看，90%多的被调查者都认为 4～9 月是出游的最好时间，这一段时间温度较好，适合游泳、漂浮等水上娱乐项目，说明旅游需求与季节有直接的关系。

（三）“中国死海”的特点

根据对“中国死海”游客的调查与分析，可知“中国死海”目前的现状呈现以下特点：

1. 整体性

大英“中国死海”景观系统是自然景观、人文景观和旅游基础设施景观及其要素组成的复杂而和谐的统一整体，各要素之间相互联系、相互制约。任何要素的变化都会对大英“中国死海”景观系统产生影响，具有“整体大于部分之和”的特性。这也是吸引众多游客的亮点之一。

2. 相关性

大英“中国死海”景观系统的各子系统、各要素之间存在着紧密联系，它们之间的相互作用和影响形成了特定的关系，缺少任何一个就会失去它整体的价值。

3. 动态性

“中国死海”是一种以休闲体验式为主的旅游景点。从旅游者看，人们总是从不同角度去欣赏景观，并且从各自不同的背景来加以欣赏与体验。可以说，旅游景观中存在的是一种千变万化的动态美。而作为景观的观赏者、体验者，人的思想、情感、观念、意识等也都在不断变化，即使景观依旧，人也会赋予景观新的内容。

4. 广泛性

这主要是指游客所从事的职业广泛，各行各业都有。

5. 可预见性

这主要是指游客的出游方式。从调查中可以发现，随着人们生活水平的提高，自驾车旅游与自助出游将是未来发展的方向。相关旅游业应做好这方面的服务，提高游客的满意度。

6. 季节性

这主要是指游客出游的时间。在调查中发现，4～9 月份是游客出游最好的时间，说明这几个月份比较适合各项水上娱乐项目。

（四）“中国死海”的问题

虽然中国死海在这短短的四年发展得很好，给大英当地经济发展带来了质的飞跃，但是仍然存在不少问题：

1. 相对较小的客源市场，游客来源太狭窄

在调查中显示，游客主要是来自四川省内的，范围太小，应加强吸引省外游客的宣传。“中国死海”这样一个具有特色的旅游资源，在中国甚至世界上都是少有的，应逐步把它推向中国、推向世界，不仅吸引国内的游客还要吸引更多国外的朋友。

2. “中国死海”的服务水平有待提高

在调查中发现，大约71%的游客认为“中国死海”的服务“一般”，只有很少一部分认为“满意”，而还有一部分则认为“不满意”。在如此竞争激烈的旅游行业中，服务是相当重要的。随着人们收入的增加，旅游与休闲愈发成为人们的追求，而旅游需求也上升到更高层次，那就是服务。高品质的服务体现高品质的生活与高品质的旅游。

3. 宣传力度不够

应突出特色，吸引更多的游客，在宣传中可突出卤盐水漂浮可帮助治疗风湿骨病患者病痛。

三、策略研究与建议

大英“中国死海”经过这短短四年多的发展，取得了优异的成绩，但是成功的背后往往隐藏着许多的问题。在这次访问调查中可以看出一些存在的问题，同时也可以能够分析出一些潜在的问题。本案例针对这些问题提出了一些相关策略以及在未来发展中的建议。

（一）提高旅游服务意识以提高旅游服务能力

在旅游业发展兴旺的今天，讲究服务已不是什么新鲜的话题，它是随着人们生活水平不断提高而出现的一种理念。在加快旅游业发展的同时，要牢固树立“旅游服务也是生产力”的观念，特别是对于旅游从业人员要加强这方面的思想意识教育，可以采取一些措施对他们进行培训及技能等相关方面的练习。

调查中发现，大英“中国死海”服务水平还有很大的提高空间，努力加强这方面的相关教育培训，由此提升服务水平，可以提升大英“中国死海”在游客心目中的满意度。这样不仅提高他们下次再来游玩的可能，而且他们也会向他们的亲友同事宣传介绍。

（二）保障宣传方式多样性，从而扩大宣传范围，引领客源市场

目前，大英“中国死海”的游客来源主要是四川省内的。原因是多方面的，在调查中发现，游客的了解渠道是多方面的。应加强报刊广告的投放力度，要选择有发行量的报刊。每个地方、每个单位都会订报刊，特别是现在都市的白领阶层看报刊已成为他们工作中的一部分。未来旅游发展方向应是工作与休闲两不误，特别是向大英“中国死海”这么特殊的一个以休闲为主的旅游业，应加强这方面的宣传，提高这方面的服务，成为商务人士出差会晤的交流与休闲中心。现代社会网络已成为人们必不可少的部分，应加强网络的宣传，让更多的人来大英“中国死海”。可以发展多景点结合宣传的方式，结合大英周边地区的景点，开发旅游线路。

（三）创新旅游文化，提高中国死海的知名度与美誉度

针对中国死海旅游文化的特殊性，着力构建中国死海旅游文化，满足不同游客。大多数学者认为文化的结构由物质文化、制度文化和精神文化组成，这三个层次既有其相对独立性，又彼此依存和相互制约，构成一个有机联系的文化整体。“中国死海”的旅游文化的核心恰恰具有这三层内涵。集观光休闲体验等为一体的“中国死海”应创新整合它的文化核心价值，从而提高“中国死海”的知名度与美誉度。

（四）强化政府的主导作用

政府是推动旅游业发展的主要推动者和引导者，要进一步加强各级政府在政策、资金、管理、培训、信息服务等方面的

主导作用，以保持“中国死海”可持续发展。

四、结语

本案例通过对大英“中国死海”的调查访问与分析，了解了中国死海存在的问题以及对相关问题提出了有针对性的解决措施与策略，并给出了合理的建议。从政府的角度来看，大英“中国死海”能够给当地政府的税收增加、地区生产总值增长、安排就业、产业结构调整等带来诸多好处。从旅游开发商的角度来看，他们之所以要对当地进行投资建立大英“中国死海”，往往是出于开辟新的市场、利用充足的资源等来实现他们想要的经济价值。这都是为了实现各自利益的最大化，因此要获取双赢，合作的态度是双方最优的策略选择。这也是本案例的价值所在，本案例所进行的分析应该应用在具体的实际当中才能发挥它的价值。

思考与讨论

1. 案例中对大英“中国死海”的调查涉及哪些方面？还应调查什么内容？

2. 查阅资料，你认为大英“中国死海”迅速成功的原因有哪些？

3. 旅游产品的特点有哪些？其竞争策略有哪些特殊之处？

参考文献

[1] 石镇槐. 中国“死海”：穿越时空的奇迹 [J]. 两岸关系，2007 (2).

[2] 马萍. 中国死海旅游常见问题 [N]. 遂宁日报，2005 -04 -12.

[5] 侯东. 中国死海神奇营销解读 [N]. 四川经济日报，2005 -01 -06.

案例十　产业链：大竹苎麻

杨波　叶春燕

大竹苎麻在获得快速发展的同时，也显现出来了许多的问题。例如，苎麻产业链中各个环节连接不紧密，各自从事各自的工作，未能产生良好的协同作用，导致苎麻发展过程中问题不断，严重影响了大竹苎麻的发展。本案例从产业链的角度和知识来分析大竹苎麻发展中存在的问题，并提出对策建议。大竹苎麻要进一步提高产业竞争力，必须从产业链的角度去管理苎麻的生产，以产业链的顺畅和高效率运作来提高大竹苎麻产业的竞争能力，把苎麻产业打造为大竹优势产业，不断促进苎麻产业优化升级。

一、大竹县苎麻发展现状

苎麻主要适宜生长的气候是亚热带湿润气候。因为我国大部分地区处于亚热带湿润地区，这里的温度、土壤、湿度很适合苎麻的生长，因此我国苎麻总产量占世界的绝大部分。用苎麻原料制作的纺织产品，具有透气、吸湿、抑菌的作用，因此受到许多消费者的喜爱。中国几乎生产了全世界的绝大部分苎麻，因此苎麻获得了“中国草”的美誉，而四川是我国苎麻的主要产地之一，苎麻制作的产品知名度高，畅销美国、日本等国家和地区，大竹苎麻占达州市出口商品的主要部分。

由于受国家出台的保护环境的政策和经济危机的影响，造成苎麻成本增加，国外需求减少，苎麻产品价格下降，积压了大量的在制品和原麻，苎麻生产的经济效益显著降低，这严重打击了农民生产苎麻的积极性，再加上高额的治污费用支出，企业入不敷出，苎麻企业亏损严重，导致大竹县加工企业大部分关闭或者转产，原麻的价格下降，苎麻的种植面积萎缩。在苎麻脱胶方面，大竹企业大多采用传统的化学脱胶技术。这一技术在生产中有很大弊端，如会耗用大量的酸、碱和巨大的能量，造成环境污染，而且生产过程中的废水处理困难。这种高能耗、高污染的传统化学脱胶技术严重地阻碍了大竹苎麻企业的发展。苎麻产业必须要实现两个转变，即产品由粗加工转变为深加工，市场由国际市场转变为国内、国际两个市场，苎麻产业亟待升级。

二、大竹县苎麻发展的机会与挑战

（一）机会

大竹县在自然、交通和科技上特别适合苎麻的生产，具有很强的比较优势，对苎麻产业的发展有着得天独厚的良好条件。

1. 生态环境良好，适宜苎麻种植（生态优势）

达州市地处亚热带湿润地区且山地和丘陵较多，山地和丘陵导致散射光多，大竹县土壤肥沃，土壤中含有丰富的钾和磷元素，有利于苎麻纤维的生长。苎麻的生长所需自然条件以及达州市大竹县具有的优越的生态优势如表 10－1 所示。

表 10－1　苎麻生长所需自然条件以及大竹的生态优势

温度	苎麻生长在热带和亚热带，其生长发育需要有较高的温度（年平均气温 17.0～17.5 摄氏度）。
光	苎麻在阳光充足的条件下，出苗早，茎秆粗壮，麻皮厚，纤维发育较好，出麻率高，产量高（年日照时数 1 400～1 500 小时）。

表10-1(续)

水分	苎麻生长对水分要求较高，适宜生长在年降雨量在800毫米以上的环境中。如果土壤中水分充足，苎麻生长快，叶片大。如果土壤水分不足，就会引起卷叶或落叶，纤维细胞发育不良，生长停滞，纤维粗硬，木质化程度提高（年降雨1 000~1 200毫米）。
风	苎麻很容易遭受风害，因为苎麻茎秆高且细，叶片较大，麻骨脆弱。但微风则有利于苎麻地的气体交换。4级风以上则容易出现风害（大风少、微风多）。
土壤	苎麻生长要求土壤肥沃，有机质含量丰富，土壤通气良好，土层深厚，保水保肥（土壤肥沃，富有丰富的钾和磷）。

注：括号内为大竹县具有的生态优势。

2. 交通便捷、科技优势较强

中国的苎麻产品远销海外，成为达州市主要的出口商品，这要求有便捷的交通为产品的出口提供保障。达州境内铁路线路有达成、襄渝、达万铁路，高速线路有达陕高速公路、达渝高速公路，为大竹原麻提供了便捷的交通运输。国道、省道纵横交错，配套基础设施齐全，这些都有利于吸引外商投资。

中国西部唯一的苎麻科学研究所就坐落在达州市，这一研究所在苎麻栽培技术和育种技术方面有很深的造诣。此外，国家麻类品种改良中心四川分中心和国家麻类产业技术体系达州苎麻试验站也为四川苎麻的发展作出了巨大的贡献。

3. 生产集中程度高，有利于形成产业集群优势

达州市的苎麻主要生长在大竹和达县两县，大约100多个乡镇，这些乡镇紧密相连，形成了相对比较集中的苎麻产业带。这有利于不断改善苎麻的基础条件和引进、创新先进的生产和加工技术，实施统一的标准化生产。能够将相关生产人员统一起来，进行培训，提高技能，且可以互相传授生产经验，为提高纤维品质、原麻产量和规模效益提供重要支撑。大竹苎麻加工产业链条齐全，有利于形成比较完整的产业链。

4. 政府重视，苎麻发展政策环境优良（政策优势）

达州党委、政府一直都很重视苎麻的生产与发展，成立了专门的苎麻产业研究领导小组，定期研究苎麻产业发展的相关问题，针对发展中的困难提出对策和建议，设立了苎麻产业发展的专项资金，用于机器设备的更新和先进加工技术的改进。苎麻已经被国务院批准为“中西部地区外商投资优势产业”，因此，苎麻产业在引进外资时，可享受国家许多优惠政策。大竹县政府也把建成“中国苎麻产业集群地”作为未来全县的奋斗目标，努力做好苎麻产业发展规划工作。

5. 历史优势和区位优势

作为全国重要的苎麻生产基地之一的大竹，苎麻种植历史已经有 3 000 多年了，苎麻种植历史悠久，产量和种植面积大约占全国的 1/3，是我国重要的苎麻种植区。大竹种植的苎麻原麻品质优良，得到麻纺企业的普遍认同。因此，大竹种植苎麻有着明显的历史优势，对全国苎麻产业有较大影响。

为了防止南方水土流失严重的现状，苎麻已被国家选为水土保持的重要作物。苎麻不仅具有较高的经济效益而且在环境保护方面也有良好的作用。大竹位于长江中上游地区，坡地面积大，受雨水冲刷的作用，导致了严重的水土流失。因此，大竹作为国家政策支持区域，能够使苎麻产业获得快速发展，大竹种植苎麻具有较强的区位优势。

（二）挑战

1. 苎麻种植面积有限

大竹县目前拥有耕地 8 175 万亩，其中土地 3 424 万亩。受土地面积的制约，苎麻种植面积难以扩大，很难超过 35 万亩。

2. 市场拓展受限

日本、韩国的商家垄断了苎麻高附加值的半成品和制成品的绝大部分市场，高附加值的半成品和制成品出口较少，而国内市场开发不力，国内销售数量较少，仅限于麻纺企业之间原料的交换。多用途、多领域的苎麻产品较少，不能满足消费者的需求，国内消费不足，市场开拓受限。

3. 政策导向影响

伴随国家对“三农”优惠政策的力度加大，对种植粮食作物的农户实施种植补贴等优惠政策，粮食价格不断走高，种植粮食作物有利可图，与此同时原麻价格逐年下降，农民种植粮食的积极性较高，而种植苎麻的积极性减弱，限制了大竹苎麻的发展。

三、苎麻产业链中存在的主要问题

（一）产业链理论分析

随着知识经济的快速发展，在生产社会化、贸易自由化、商务电子化、市场需求个性化不断加快，高新技术日新月异的背景下，市场竞争异常激烈。传统的单个企业的竞争时代已一去不复返，取而代之的是供应链、甚至是产业链的竞争。

现代企业的竞争优势，不是建立在单个企业自身的能力和竞争优势上，也不是由企业自身决定。现在的竞争已不再是传统的企业与企业之间的竞争，而是演变成了供应链与供应链甚至是整个产业链与产业链之间的竞争，已经从单一企业的竞争，变成了价值链的竞争，甚至变成了产业链的竞争。企业的竞争优势取决于企业与产业链上其他环节的企业之间的协作状况。

企业的竞争优势需要重新建立在更大范围基础上，企业应当站在更高更远的战略视角，谋求企业在供应链上的竞争优势，而不是单个企业的竞争优势。因此产业链上的各环节中的企业必须精诚合作，携手并进，形成一条高效率的供应链，以提高整条产业链的竞争优势，从产业链的竞争中获得发展。

（二）大竹苎麻产业链中的主要问题

大竹苎麻产业链由种植、收购、粗加工、深加工、废弃物的处理构成，在这条产业链中的任何环节的个人或者组织都是利益共同体，他们之间息息相关，要从产业链的高度进行产业规划，提高产业链的整体竞争实力。接下来，从苎麻产业链依次分析大竹县苎麻发展中存在的主要问题。

1. 种植

（1）种子选用不规范。川苎 8 号是杂交苎麻品种，具有种苗成本低、繁育系数高、品质好、产量高等特点而深受麻农喜欢，成为达州市苎麻种植首选品种。但受自然灾害等方面的影响，种子产量难以满足麻农种植苎麻的需要，不法商人为了赚取高额利润，将低质的种子卖给麻农，麻农种植之后，造成植株高矮不一，整齐度差，原麻的品质和产量较低。

（2）种植品种杂乱。种植品种杂乱就致使收购部门无法对原麻分级收购，优质原麻不能卖得好的价格，因此麻农不愿种植优质麻，对麻农种植优质麻的积极性造成了极大地打击。而脱胶纺织厂也就不能获得规格一致的原麻。

（3）麻园管理粗放。由于劳动力有限，致使麻农没有时间对麻园进行管理，导致麻园管理粗放，冬肥施用较少，各种肥料配施不合理，除草不及时，麻园中杂草茂盛，病虫害严重。对老龄、低产麻园管理落后，对新的麻园使用不合理，导致新的麻园很快退化，生产技术难以被快速推广和实施，这些都严重制约着大竹苎麻品质与产量的提高。

2. 采购

（1）未建成原麻检测体系。品质优良的大竹苎麻，却难以获得优质的价格，这虽然与厂商压低价格有关，但主要还是因为原麻检测体系未能建立。与其他农产品相比，苎麻品质除与生产环境和品种有关外，还与收割后的打剥技术和加工技术有关。原麻的检测技术性强，需要通过专业检测设备进行检测。大竹虽然能够达到苎麻质量检测技术，但由于缺乏原麻品质统一的标准，导致原麻的检测没有依据，检测制度也不完善，这些都不利于优质原麻的确定。因此导致优质麻不能优价，对麻农种植优质麻的积极性造成了极大地打击。

（2）收购行业混乱。在利益驱动下，麻农在原麻中掺杂低质原麻，把干的原麻弄湿，导致收购行业不易收购到优质原麻，同时这也给脱胶厂带来很多不便和损失。

3. 企业加工

（1）剥麻设备简陋，苎麻生产受到影响。作为苎麻生产中的重要一环，剥麻对技术和时间都有较高的要求，大竹苎麻企业依然采用手工剥麻。手工刮麻技术性较强，劳动强度大，往往与水稻作物发生冲突，导致苎麻不能及时被打剥出来，严重损害了原麻纤维品质。

（2）落后的加工技术。大竹苎麻发展的瓶颈是苎麻加工技术的落后。加工企业的加工设备陈旧落后，不能满足苎麻加工的需要，脱胶仍采用化学脱胶，既对环境造成污染，又对苎麻纤维质量造成影响，印染工艺仍采用棉布印染工艺，导致印染的色泽度和效果较差，加工产品附加值低。

（3）脱胶技术的落后。脱胶是苎麻加工工程中的关键，脱胶质量直接决定了苎麻纤维的强度和韧度，也就决定了苎麻纤维的质量。大竹麻纺织厂苎麻脱胶工艺仍采用传统的化学加工工艺。这种脱胶工艺不仅造成脱胶成本高，纺纱成功率低，而且极易对苎麻纤维造成伤害，这种工艺造成污水不易处理，容易导致环境污染。

（4）缺少龙头企业。大竹苎麻加工企业虽然较多，但总体水平较低。苎麻纺织企业基本上是在 20 世纪 80 年代中后期建立，其中小型、精干的麻厂较多，较大的企业则很少，机械设备陈旧、落后，工艺水平、加工技术水平较低。企业未能有自己独特的工艺路线和设备，企业规模较小，效率低下，生产成本高，深加工困难，严重影响了经济效益。

（5）产业附加值低。在国际市场中销售的苎麻纺织品几乎都是胚布和麻纱等初级产品，在服装贸易及终端高附加值产品方面几乎是一片空白。产业化程度低，初级产品多，缺少附加值高的产品，深加工产品少。附加值低的初级产品在市场中价格低、风险大。

4. 废弃物的处理

（1）苎麻生产的综合效益低。原麻脱胶后是价值较高的天然纤维，可作为装饰、服装及其他加工业的基础原料，当然是最能产生经济效益的部分，这部分要提高利用效率无可厚非。但麻叶富含丰富的营养，可制作成配合饲料工家畜食用，麻秆可生产食用菌，麻皮可作为化工原料或作为食用菌，麻骨可造纸，装饰房屋或制作家具，可以从苎麻种子中提炼天然植物油作为食用或作为工业用油，麻蔸含有药用成分，可以作为制作各类药品的原料。而目前对这些部分利用较少，甚至没有利用。

（2）苎麻加工的环境污染问题严重。大竹苎麻脱胶采用的是传统的化学脱胶工艺，易造成环境污染、大量消耗水资源、极易伤害纤维品质且纤维制成率低。这是一种典型的传统生产模式，这种模式是由“资源—产品—污染物的排放”构成的单行道模式，以资源为代价求得短时间的发展。

传统的苎麻脱胶存在流程长、能耗大、工序繁琐、环境污染严重等缺点，这大大限制了苎麻产业的可持续发展。苎麻含有大量的胶体物质，需要通过脱胶技术进行处理，目前苎麻的脱胶多采用化学脱胶，不仅极易伤害苎麻纤维、纺纱成功率低，而且成本高，环境污染严重。

四、从大竹苎麻产业链的角度提出对策建议

（一）种植与收购

1. 规范杂交种的推广

为进一步规范苎麻杂交种的推广，收购分类原麻，要统一确定种植区域，以及统一在种植区域内的种子类型，订购统一杂交种，加强对种子市场的监督和管理，并且要做到没有生产

资质则禁止苎麻杂交种的生产和经营。

2. 科学规划生产基地

（1）生产基地的规划要根据加工企业对原料的要求进行规划，以满足企业对原料的需求，给加工企业提供方便，降低苎麻加工成本和苎麻加工质量，以确保合理规划生产基地。

（2）确定科学的种植面积和区域。面积的规划要考虑苎麻加工企业的实际能力以及原麻市场需求情况。种植区域的规划要考虑达州地形、地貌和水土流失等情况，以兼顾经济与生态效益的均衡发展。

（3）合理布局品种。生产基地的合理布局要求打破行政区域界限，坚持分块种植，严禁品种交叉种植，损害苎麻的统一性，影响原麻质量，而且各生产区域要达到一定规模，要由加工能力、市场需求和市场开拓能力来决定。

3. 增强种植技术的创新能力

加强苎麻除草技术创新，在除草剂的选择上要求无污染、无损害，研究防病治虫配套技术，防止苎麻虫害，寻找防治苎麻病虫害的综合方法，提高苎麻质量。

4. 完善机收技术，提高收割效率

采用先进的苎麻收获机器，创新苎麻收割新技术，研究机器收获原麻的梳理和脱胶等配套技术，提高收割效率。变手工收麻为机器收麻，缓解劳动力不足矛盾与手工收麻效率低下现状，进而提高整体生产苎麻的效益，对稳定原麻产量与效益也有非常明显的作用。

5. 加强对收购市场的监督和管理

苎麻原麻的收购成功与否，直接影响着初加工、深加工的实施效率，原麻采购杂乱，则加工企业对原麻的处理就比较困难，要切实加强对收购市场的监督与管理，对原麻进行分级销售，分级采购，提高加工企业的效率。

（二）加工企业方面

1. 技术创新

（1）增强企业初加工能力。要加大科技投入，增强企业初加工能力和水平。在剥麻上要创新剥麻技术，使用先进的剥麻设备，提高剥麻效率。改变传统的手工刮麻，以降低劳动消耗。在脱胶技术和工艺上，改常规的化学脱胶工艺为能耗低、无环境污染的生物脱胶新工艺。

（2）改进苎麻加工工艺和苎麻加工技术水平。在剥麻上，要以提高原麻内在质量为标准来研发刮麻技术和设备，由手工刮麻向机器刮麻转变，以提高刮麻效率。在初加工上，研发由环境污染严重、能耗高的化学加工工艺向环境污染低、能耗低的生物脱胶新技术转变。在深加工上，要增强企业深加工的创新水平，提高苎麻产品的附加值，克服苎麻纺织品刺痒、易皱等难题，提高苎麻产业的经济效益。

（3）加强苎麻深加工研究，提高产品附加值。苎麻初加工产品附加值低，而经过深加工之后的产品附加值高，要积极推进苎麻深加工。在深加工上，要增加科技投入，创新深加工，通过先进的加工技术来解决苎麻纺织品易皱、刺痒等问题，不断提高苎麻纺织水平。研发多用途、多领域产品，提高产品的附加值，不断加强对苎麻产业链的完善，提高苎麻产业的经济效益和可持续发展。

2. 管理创新

（1）加强营销网络建设，创新营销方式。要充分发挥产麻大县的优势，建立苎麻制品批发市场，加大对苎麻制品批发市场的监督和管理，完善销售网络。加强建设和培养苎麻制品营销队伍，充分发挥经销商和代理商在市场开拓中的作用。

（2）拓宽销售渠道和引入竞争机制。苎麻制品的销售要进一步拓宽销售渠道，建立专业市场，实现分类、分级销售，增加到达消费者的销售途径，形成多渠道开放式的销售格局。要通过政策支持，如税收政策的优惠，吸引苎麻加工企业，导入竞争，让适度竞争规范市场，增强苎麻企业的竞争能力。

（三）废弃物的处理。

1. 增强苎麻多用途，提高综合效益

积极研发苎麻副产品的综合利用技术，重视利用苎麻副产品，充分利用苎麻植株上的每一部分，如纤维、麻骨、麻皮、麻叶和麻蔸等，提高苎麻种植的综合效益。例如，麻骨可用来生产纤维板；麻秆可用来种香菇等食用菌；麻叶可用来生产配合饲料；麻根可以制成药品。通过综合利用来拓展苎麻的用途，提高综合效益。

2. 改变传统的苎麻产业模式（循环经济模式）

循环经济是以“资源—产品—再生资源—产品”为特征的循环运行的经济发展模式，这种发展模式表现为高效循环利用和低度污染和消耗，充分地利用有限的资源，降低苎麻种植对自然环境的消极影响，是清洁环保高效的经济发展模式。

苎麻产业的循环经济模式就是通过推广环保的生物脱胶技术，大幅降低资源能耗和环境污染，科学处理污水处理厂的污泥，剔除苎麻中的致病病菌和有毒物质，利用高效的发酵菌群，变毫无利用价值的污泥为苎麻的专用有机肥，实现变废为宝。

从成本上看，循环经济模式通过对资源的充分利用和提高效率，大大降低了生产成本；从收益上看，循环经济模式通过在资源节约方面努力，降低成本，提高效率，大大提高了苎麻生产的经济效益。

（四）政策方面

1. 建立苎麻工业园

政府应当担当规则制定者的角色，统一规划建立苎麻工业园，在苎麻工业园中聚集了一系列龙头企业，为企业间的技术交流创造良好的环境。把产业链上的所有企业集中起来进行统一管理。

2. 加强对苎麻产业的监督管理

政府要加强对苎麻产业的监督管理和宏观调控，成立专门的工作小组，加强市场调查，掌握市场需求，为生产企业提供市场需求信息，以便合理做好种植安排。要加强整顿流通秩序和质量监督管理，严格执行质量标准。对不执行规范和标准的厂商，要严肃按规定处罚。

3. 加大对苎麻加工企业的政策支持

（1）财政扶持。政府和企业一起合作，帮助企业建立起污水处理厂，进行统筹规划，进行污水的集中处理，对污水处理厂的建立给予财政支持。

（2）贷款扶持。政府应加大对苎麻企业的贷款扶持，鼓励企业更新设备和创新技术，解决中小企业资金不足而又筹措不到充足资金的困境，增强企业的发展后劲。

（3）激励机制支持。政府要建立合理的奖励机制，积极引导企业在产品研发，技术创新和设备更新上的突破，对在这些方面有杰出贡献的个体和组织给予奖励，树立榜样，以增强企业的创新积极性。

4. 加大对人才、科研、科技方面的投入

（1）加大对人才的培养与储备。苎麻生产对技术要求较高，而目前专门麻业人才缺少，不能满足苎麻产业发展的需求，要努力培养出一批研发能力强、技术水平高的苎麻产业应用型人才，为苎麻产业的发展储备人才。

（2）加大科研投入。要加大对新技术、新工艺、新品种的研发投入，建立相应的激励机制、鼓励技术创新和产品创新。

（3）加大科技投入。政府牵头，带动企业加强对新技术和新产品的研发力度，对在新技术方面有重大突破的企业予以支持和鼓励，给予政策扶持。

5. 加强招商，吸引外资

加大对苎麻生产企业的扶持力度，在原麻种植、采购、产品初加工、产品深加工上以及污染物的处理方面，提高自主创新能力，打造自主品牌。并且要进一步优化投资环境，吸引外资，吸引有技术含量的加工企业入驻大竹，提高大竹苎麻种植的影响力，延长产业链，形成完整的产业链条。

（五）文化方面

1. 充分利用四川苎麻文化的辐射作用

四川苎麻种植历史已有几千年，形成了丰富的苎麻文化。要充分利用传统和现代传媒加大宣传，通过展览展示、商品交易会、产品促销等多种途径和渠道，宣传四川苎麻种植的历史，以及生产工艺的先进性，增加销售影响力。加大宣传苎麻种植的社会效益，提高大竹苎麻在消费者心中的认可度，推动四川苎麻产业不断发展。

2. 打造大竹特有的苎麻文化

为推动苎麻产业发展，大竹要充分利用传统和现代传播媒介，加大对大竹苎麻的实物图片和历史故事的收集和宣传，建立独具特色的苎麻文化陈列馆和苎麻文化活动，打造大竹苎麻特有的苎麻文化，提升苎麻文化影响力。

3. 宣传浓郁的苎麻文化

大竹苎麻种植历史悠久，早在3 000多年就有种植。在这几千年的苎麻种植过程中，农民积累了丰富的苎麻种植经验，苎麻文化经过几千年的沉淀，苎麻文化悠久浓郁。

4. 学习文化创作

要挖掘并宣传大竹苎麻产品的文艺作品，以多种方式加大对大竹苎麻的宣传力度，充分挖掘大竹苎麻文化的历史渊源，不断丰富和发扬大竹苎麻产品的文化内涵，加大对大竹苎麻文化的对外宣传力度。

五、结论

达州苎麻在快速发展的同时也存在许多的问题，从苎麻产业链条的前端到末端都或多或少地出现了一些问题，处在这条产业链中的相关者要高度重视苎麻产业的振兴和发展，要着力解决苎麻生产中的问题。要站在产业链的高度来对待苎麻产业发展中的问题，链条相关者要坚守好自己的职责，要有一种休戚与共、利益共存的态度对待链条中的其他相关者，加强合作，利益共享，以产业链去迎接外部的竞争和风险。同时，政府要加大对苎麻的扶持力度，充分发挥苎麻生产的生态、经济和社会效益。促使苎麻产业的不断升级，实现苎麻产业的不断发展。

思考与讨论

1. 如何评价案例中提出的建议？

2. 查阅资料，大竹苎麻产业的发展前景怎样？可以如何设计其产业链？

3. 进行大竹苎麻产业的 SWOT 分析。

4. 造成案例中提到的大竹苎麻产业的诸多问题的原因可能是什么？

案例十一 营销策划：美景家园

杨波 刘梅

一、背景

（一）公司

美景置业有限公司作为市场的一个新生儿，没有丰富的经营经验可以借鉴，没有强大的阵容可以依靠，为了能够在当前的市场中拥有一席之地，必须做好前期的规划，尽量使所有的市场变化能够处于掌控之中，要打有准备之仗，这样才能在残酷的市场竞争中保全自己，强大自己，最终成为市场的领导者和游戏规则的制定者。营销作为公司重要的组成部分之一，营销的成败关系着公司预期的利润是否实现，所以营销策划的制定迫在眉睫。

（二）消费者

随着房地产市场由卖方市场转入买方市场，消费者现在所考虑的不仅仅是居住那么简单，更多考虑的是安全性、舒适性、品质以及房地产的潜在价值。站在消费者的角度来思考，如果我们没有对我们的项目美景家园的品质进行任何的宣传，那么我们呈现给消费者的是与10年前相同的房产。然而消费者现在已经不再需要过时的东西，他们追求的是高品质的生活。所以为了让消费者能够更加了解我们的项目信息，了解我们项目的优越性，我们必须制定一套完整的营销方案，使我们的宣传有重点，有层次性，最终达到让消费者认同我们的项目，帮助我们宣传我们项目的目的。

（三）市场

江安县城拥有近 8 万居民，他们的购房需求量是比较大的，在这样的市场情况下，江安的多家房地产企业开发的项目都得到了一定程度的认同，然而到现在为止都还没有一个项目成为江安的标杆项目，这为我们公司提供了很好的契机。我们只有对江安县城居民对住房的一系列需求进行分析，才能得出正确的结论，制定出适合江安市场的策略。宏观上来讲，江安居民数量将随着阳春工业园区的企业入驻会不断增加，当然对住房的需求也会不断增加，那我们公司怎样才能把握住这个庞大的购房群体，让他们成为我们的业主呢？这需要一个完整的营销方案才能够解决这个问题。

二、市场分析

（一）市场背景的分析

中国的房地产市场大致可以分为四个阶段，即 1978—1991 年的酝酿阶段、1992—1995 年的起步阶段、1996—1998 年的迅速成长阶段以及 1999 年至今的逐步成熟阶段。所以自从 1998 年住房制度改革以来，四川的房地产业得到了快速的发展，取得了较大的成就。宜宾市江安县位于四川的西南地区，是四川的重要组成部分之一，同时江安也是长江经过的第二个县城。江安县东临泸州市汉阳区、纳溪区，南临兴文县，西临南溪县、长宁县，北连自贡市富顺县。全县总面积 911.73 平方千米，人口 53 万多，县城常住人口 8 万余人，主要有农业、工业、旅游业三大产业。其中滥坝乡的阳春工业集中区是四川省政府第一批 8 个循环经济试点工业集中区之一，占地 7 平方千米。

美景家园项目地处江安县城东部，南临竹都大道，竹都大道因宽42米，所以俗称是42米街，是江安的商业集中区；西临江南路，江南路是连接江安县老城区与规划新区的主道之一；东临长江大桥，长江大桥是连接泸州、南溪的主要道路，同时也是连接阳春工业园区的主要道路。随着经济的不断发展，江安县政府制定了把江安建成初具规模的宜宾、泸州两市结合部的物资集散地；独具特色的农副产品生产和加工地；省市旅游大环线的支撑点的发展战略。江安房地产市场的发展，应该说是这两年才开始的，泸州、宜宾本土的开发商这两年陆续推出了锦绣华庭、金盾公寓、江山多娇、江山美景、淯江花园等几个楼盘。江安的房地产市场还处于比较初级的阶段，不论是本土的房地产开发企业还是外来的房地产开发商，都取得了较好的市场回报。每个楼盘推出了不同的亮点，赢得了相应顾客的认可。美景家园规划建筑面积4万多平方米，总共有6栋楼，由重庆轻工业设计院担纲设计，从整体来看，优秀的规划团队为美景家园又增添了一定的实力。

（二）竞争楼盘分析

针对江安县房地产市场处于初级发展阶段，居民对价格的敏感度比较高，我们在分析竞争对手的时候主要针对价格、地理位置、产品三个层面进行了比较分析，我们将竞争对手分为直接的竞争对手和间接的竞争对手。

1. 直接的竞争对手

在美景家园小区的对面便是即将与我们几乎同时开盘的博宇·名都丽景。博宇·名都丽景属于教师集资建房，它的相关税费政府都给予了一定的优惠，同时博宇·名都丽景这块地审批时间较早，那时地价相对现在而言较低，从这两个方面来看，博宇·名都丽景的成本比我们更低，在价格上具有更大的优势。除了价格这个理由把博宇·名都丽景作为我们的直接竞争对手以外，它的地理位置也是不容忽视的。博宇·名都丽景与美景家园项目同样是南临竹都大道，中间相隔只有一条江南路。可以这么说博宇·名都丽景与美景家园几乎拥有相同的地理位置，而且拥有制定更低价格策略的可能性，就这两点上来看，博宇·名都丽景处于优势的地位，但是产品是决胜的关键，博宇·名都丽景主要是以砖混结构为主。在经过了汶川大地震之后，购房者对建筑质量特别的关注，对于投资者来讲，住房的投资价值就在于它的耐用性和长期投资品。砖混结构作为抗震性能较差的结构之一，那么博宇·名都丽景的被关注前景也会因此而大打折扣；美景家园以纯框架结构的形式出现在江安，再加上建筑单位是宜宾本土的拥有国家一级建筑资质的九方公司，这为美景家园的产品质量提供了有力的保证。更重要的一点就是博宇·名都丽景在一年前就开始宣传修建，到现在就还没有开始动工，所以使江安的消费者有一定犹豫。

2. 间接竞争对手分析

美景家园处于江安县城的东边，而锦绣华庭、金盾公寓等几个楼盘都处于江安县城的西边。从地理位置上来讲，相隔比较远，不会形成正面的竞争关系，而且锦绣华庭、金盾公寓都处于尾盘销售阶段，等美景家园开盘的时候，他们都应该清盘了。而江山多娇楼盘出了一点问题，销售已经处于停滞阶段，因此这三个楼盘对我们的项目已经不构成任何的威胁。除此之外只有淯江花园和江山美景是美景家园间接的竞争对手。通过对江安这几个楼盘的市场调研，我们得到了很多相关的信息。从他们的售出的情况，可以得知江安的大量消费者倾向于购买90平方米左右的两室两厅且位置最好是在竹都大道的两边的房子。从另外的一个角度来看，大多的江安居民购房的预算在10万~20万。这些信息为美景家园的户型设计提供了相应的依据，而且美景家园的竞争对手所剩下的主要是大户型，这使得美景家园在竞争中更有取胜的把握。

（三）潜在顾客分析

1. 年龄结构分析

在江安所做的问卷调查显示，处于25~45岁的人群最具有购买需求，占到了有购买需求人群的80%。主要的原因是因为这个群体的工作相对的稳定，具有一定的购买力和资金支付能力，相应对生活质量要求也比较高，所以他们有一部分是为了改善居住环境而购买，这也包括了为了子女的教育、出行的方便、社区的文化生活等而购买。

2. 付款方式分析

从对其他楼盘的调查发现，一次性付款与贷款的比例相距甚远，贷款的比例高达75%。同时我们的调查问卷结果显示，愿意选择商业贷款和公积金贷款的购房者占76%，与已经购买住房的消费者的消费习惯相符合。另外大部分江安的个体经营者愿意选择分期付款，这能够更为合理安排他们的流动资金。

3. 顾客群体分析

从已经购房的顾客特征来看，金盾公寓的购买者主要是公安局人员；淯江花园的购买者有一部分也是政府公务员；博宇·名都丽景的预订购买者是县城中学的教师；美景家园的部分预订者是海丰和锐的中高层管理人员。由此可以反应出江安的购房者主要是以具有稳定收入而且收入水平相对优厚的人员。而且这样稳定的客户在江安当地的数量还有很多，如医院人员、政府机关人员等，这为我们提供了较好的市场方向，同时我们也可以确定主要的宣传对象。

4. 消费者的居住习惯

从问卷调查统计结果来看，有83%的人选择居住在42米街附近，由此可以看出江安的市民大多喜欢居住在较为繁华的地带，商业配套齐全为他们的生活提供了不少的便利。江安政府规划的江安县体育馆即将修建在美景家园对面，同时旁边还将修建东城贸易市场，以及一个三星级国际大酒店。这几项大的规划意味着江安经济大的方向的转移，因为现在江安县高档的体育设施和较高档次的接待设施还处于空白，一旦这几项投资完成必然将人气往江安的东边带动。而且江安县政府已经把江安的东城规划为高档的住宅区，这些都为我们的项目宣传提供了有力的保障。

（四）分析总结

1. 对市场、产品、消费者的总结

（1）市场：江安县城的房地产市场上拥有较多的项目，从供需来讲，这些项目已经基本上可以满足江安市场现在的需求，但是随着更多企业入驻阳春工业园，即将给江安的房地产市场带来新的发展契机。从我们调研中所了解到的江安市场情况，虽然仍处于较为初级阶段，但是它现在已经基本上进入了买方市场。这主要体现在金盾公寓已经打出现房出售的标志以及锦绣华庭这个大盘已持续销售近一年。同时，不可否认各竞争对手都得到了相应的认知，即没有一个项目真正成为江安市场追逐的热点，成为市场销售的领跑者，成为市场中最具有杀伤力的项目。这样的市场情况下，既是给我们的项目提供了一个绝佳的市场机会，又是给我们项目一个巨大的挑战。如果我们能够制定适合江安的营销策略，及时成为市场的领跑者，那我们项目的明天会异常光明。

（2）产品：在江安的市场中，我们的项目规模可以说是偏小的，因为我们项目总的建设用地面积只有 13 000 多平方米，但不能就这一方面就否定了我们产品的优越性。我们从整体上来对美景家园项目进行分析评价，它应该算是江安市场中较好的项目，如果再加上我们较好的营销策划，使美景家园这个小面积的社区成为江安的标杆项目是指日可待的。我们价格的制定肯定会明显高于在售楼盘以及我们的直接竞争对手博宇·名都丽景。首先，我们小区优越的地理位置是其他在售小区无法超越的；其次，我们小区的建筑质量相对较好；最后，我们小区人性化的设计，星级服务的物业管理，社区的中心广场、喷泉、凉亭、生态停车场都为我们项目的价值提供了升值的保障。相信经过我们的宣传，让消费者感知我们产品能够为他们提供便利，为他们提供升值的空间，开盘的销售量必然会优于其他楼盘，项目也必然会成为江安的标杆项目。

（3）消费者：江安的住房消费市场中，主要以个体经营者和工薪阶层为主，这主要由于当地所处的地理位置所决定的。个体经营者的收入相对不稳定，但由于江安处于自贡、宜宾、泸州三市相交之处，同时也是四川旅游的一个支撑点。个体经营者的收入较为丰厚，也是江安房地产投资的主要构成部分之一。工薪收入阶层主要以阳春工业园区的职工和江安政府公务员为主。他们拥有相对稳定的收入，为他们购买房产提供了基础。同时，这类人群的受教育程度较高，对新鲜事物的接受能力更强，因此他们就是我们需要宣传的主要群体。

2. 我们存在的问题和机会

对市场、产品、消费者进行总结之后，我们对项目存在的问题与机会也进行一个总结，以便为我们的营销战略提供基础依据。

我们现在所存在的问题如下：

（1）经过市场调研，我们发现市场中的大部分消费者对我们对江安房产虚拟价格不是很满意，普遍认为我们价格更高，可能价格与价值不相符。

（2）我们的公司是新的房地产公司，并且美景家园是第一个项目，在江安市场中现在没有任何的知名度。

我们的机会如下：

（1）由于阳春工业园的建立，很多企业将搬往江安，所以江安市场中还有大量的潜在购房者，他们主要是收入相对稳定的职工，只要做好宣传，让他们认可我们的产品，那将为我们的销售工作奠定一个良好的基础。

（2）我们的施工队伍也即将入场，这为消费者的实际感受也提供了物质的保障。我们只要抓住消费者的眼球，通过有效的手段使消费者的关注焦点集中于我们的项目，市场就会不断壮大。

（3）我们的施工单位是拥有国家一级建设资质的四川九方建设公司，通过对九方公司的宣传，同时也会达到对我们项目质量的宣传，使消费者对我们的项目感知更加优越于其他项目。

（4）江安市场中，拥有多个项目，但是没有一个项目成为主导江安市场的品牌，这也为我们项目成为市场领跑者提供了机会。

3. 我们的目标

在激烈的市场竞争中，树立产品形象，制造项目关注点，增加产品的感受，创造更高的产品价值，成为市场关注的焦点，最终树立良好的口碑，为下个项目的宣传奠定坚实的基础。

三、策略

（一）项目营销目标

美景置业有限责任公司作为四川九方建设公司的一个子公司，为配合总公司的总体规划，要求我们在 2009 年 9 月以前将项目的一、二期全部销售完成，这是一个相当大的挑战。我们承受着压力，同时也拥有巨大的动力，以积极的心态完成公司的目标，为公司的财务指标完成贡献一份力量。

项目的总体销售指标：江安美景家园的总体回款指标为 5 440万。

分阶段的销售目标如表 11 -1 所示：

表 11 -1

营销的阶段	5 月	6 月	7 月	8 月
销售目标（万元）	2 400	1 400	1 100	540

（二）项目总体营销策略

1. 项目的主题定位

美景家园——江安首个集运动与商业相连的社区。其理由主要有以下几点：

（1）江安是3个市交接的地方，并且是长江经过的第二个县城，这必然促使它经济的繁荣，而且我们项目的商业店铺处于大道旁。

（2）我们项目的斜对面就是江安县政府规划的体育馆，在我们项目的旁边就是三星级宾馆、东城贸易市场，这为我们商业的繁荣奠定了良好的基础。

（3）项目的购买主力是工薪阶层，他们平时的运动量比较少，所以平时需要运动来为他们的健康提供保障。我们的小区与江安唯一一家健身运动场所是联盟关系，作为我们的业主在那里可以享受到特别的优惠。

（4）美景家园社区与江安36家知名品牌联盟，为我们小区的业主日常生活提供了一定的方便，同时为我们的业主节约了部分开支。

（5）这与美景生活方式提倡的快乐、健康相符合。

2. 美景家园整体营销思路

采取商业与运动相结合的主题来引起社会的广泛关注，并附加宣传小区的内部环境人性化合理的结构，以提供产品在顾客心中的形象，从而树立良好的品牌形象。在项目刚开始运营前期，即售楼中心还未开发时，我们将配置户外广告、报纸（以软文的形式）、网络、直邮式广告（DM单）、组织“美景家园”杯运动比赛等同时进行宣传，以达到在江安县城家喻户晓的效果。而后跟进便是美景家园开盘，我们将邀请联盟商家进行共同推荐活动，这将有利于促进我们销售量的提高。同时针对我们两幢入户花园小高层进行拥有私家花园的高品质生活宣传，从整体上提升美景家园小区的形象，增加美景家园的价值（见表11－2）。

表 11－2

营销的阶段（以月为单位）	完成的财务指标（万元）	营销推广进程
5 月	2 400	以广告为主，同时辅助相关的活动，引起关注
6 月	1 400	项目产品的价格上调，制造关注
7 月	1 100	价格上调后提升价值，成为市场热点
8 月	540	项目清盘销售，实现项目回款，确定市场地位。

3. 销售现场策略

销售中心的对外开放和项目的前期宣传同时进行，随后就是美景家园项目的开盘，在本段时间的现场说辞上一定要配合我们的宣传主题，统一口径，并且向消费者释放出项目即将调整价格的信息。尤其我们开盘后，此时一定要配合相应的促销政策，以保证销售任务的完成。我们提倡的商业与运动相连，拥有私家花园的品质生活得到市场的认可之后，销售的情况也显现出来，这当中有滞销的户型、楼层。在后期的销售中，应将滞销的产品进行转化，突出其优势地位，以保证销售项目的顺利进行。同样在二期的销售过程中，根据当期的销售节奏进行相应的价格上涨幅度调查，这样既提升了产品的价值，同样为后期的清盘制定价格策略提供了空间。

4. 定价策略

采用市场比较法，江安市场现有项目的均价都有所不同，其中金盾公寓价格相对较低。主要原因在于：一方面它的销售已接近尾声，价格相对优惠，最高优惠达到了8%；另一方面它的相关的水、电、气开通的费用均没有包含在购房中，如果加上这些费用的话，它的每平方米均价也在1 450 元起始每平方米均价。另外，淯江花园和江山美景的每平方米均价也在1 450元左右，多层的起始每平方米均价也超过了1 400元，相对这样的市场情况，普遍的每平方米均价在1 550元。如果我们的项目每平方米均价制定也在1 450元，那就显现不出我们的特色，引不起关注的焦点，所以建议美景家园项目的每平方米均价定在1 550元。理由主要有以下几点：

（1）针对我们的广泛宣传，美景家园项目即将成为所有江安县城居民的宠儿，它就意味着高品质，而高品质在我们中国人的眼中有一种明显的体现方式就是高价格，这个就是真正的珍珠20元一颗放在地摊上没有人买，放在珠宝店200元一颗抢着买的道理。

（2）项目面临竹都大道这条繁华的商业街，同时这条大道也是南溪、泸州到江安的必经之路。还有就是县政府的一系列规划支持，使得我们小区的区位优势突显出来，区位优势必然就决定了价格的提升。

（3）美景家园小区内部人性化的设计，以及其配套的社区中心广场、景观水体和休闲凉亭，这相比江山美景单独的两栋住房没有任何的配套设施，明显突出了我们社区的服务优势。小区内部的行车路线是双行道的，有效地保证了行人的安全，生态的停车场增加了小区环境的优美，增添了小区自然健康的形象。

（4）小区的整体设计是坐北朝南，符合中国人一向的审美观点，合理的户型设计，方正的设计理念符合江安人的思想观念。同时在汶川大地震后，框架结构的设计将赢得更多的市场。

5. 促销策略

作为房地产的促销策略应该遵循以下几点：

（1）应该结合楼盘的特色。我们项目的特色就是现代中式风格，这符合江安县城居民的需求类型。同时我们小区的小高层抬高3米而建，这是遵循古代王侯将相位高者的居家风格，这也体现了小区的高层次理念。

（2）充分的利用自身的资源。这资源包括自然所拥有的，如小区的坡地建设是利用它本身的地形原生态而建；还有就是规划资源，如江安三星级酒店的规划和体育中心的规划，这些资源对我们小区的形象起到了不可忽视的作用。

（3）抓住目标客户的需求。我们项目主要的目标客户是工薪阶层，经过我们的调查显示有80%多的人所需要的户型是90平方米左右，而且他们的年龄多在25~40岁，平时因工作关系极少参与身体锻炼，所以体育设施对他们来讲也是非常的需要；同时平时工作比较繁忙，生活时间较少，需要附近能够有5分钟的商业圈，而我们小区即将为他们呈现出5分钟的商业圈。

（4）活动的延续性和统一性。如果仅是一次的宣传，那消费者的接收效果肯定是比较弱的，而多次间断性强势的活动攻击会使得宣传效果达到一定的高度。所以我们将在售楼中心开放的时候采取大量的宣传活动，如美景家园杯健身运动、报纸报道以及户外广告的呈现。在正式开盘时，我们将以商业联盟活动进行配合。在销售的过程中，做一些公益事业，再度引起关注，树立良好的品牌形象。

（5）与楼盘的档次相匹配的原则。我们美景家园项目定位于江安中高端人群，那么就应该遵循向中高端人群“讲文化”的房地产推销原则，其中小区的凉亭取名掩月亭，是根据宋代诗人詹初的《云掩月》而取，体现了小区悠久的历史文化底蕴；抬高3米而建的小高层，体现了中国传统的历史文化。

（6）淡化商业和强化公益。在楼盘的销售过程中我们应该以公益事业为主，如加强全民健身意识，倡导全民健身活动以及配合江安县政府做一些公益事业等。这样的活动媒体乐意报道，大众也易于接受，可以很好地提升我们品牌的形象。

（7）广告宣传的重要性。媒体选择是最为关键的，我们项目的目标顾客主要是江安县的居民，所以我们采用户外广告为主，较少采用电视广告。因为它针对的范围较大，对我们来说具有一定的浪费，不过用于建设我们美景置业的品牌形象还是有必要的。

醒目的户外广告能够给人以完整的信息，包括美景家园的基本信息以及顾客对美景家园的感受等。活动前的报道主要使用网络媒体和报纸，同时也要引起他们的持续报道和后续关注。

6. 渠道策略

在美景家园的销售渠道上，以江安政府机关公务员、阳春工业园区职工及部分干部团购为主要渠道，以江安县城部分收入较高的人群，如个体经营者、企业主以及江安外出务工人员为辅助渠道。项目本身只有将近400套住房，但是我们注重的是长期的口碑宣传。只要良好的口碑渠道逐渐被打开，再对主要渠道进行收拢，就能够更加有效地为销售现场输送优质的客户源。当然我们的口碑宣传有利于在江安的长久发展。我们在江安的下个项目美景家园第二期的宣传工作就没有特别大的压力，可以不再从零开始。对于美景家园的辅助渠道更加注重口碑的宣传，因为下个项目我们可能会推出别墅，这主要是针对江安的个体经营者和企业主，因为只有他们才有雄厚的资金购买高档的住宅。

7. 产品策略

项目规划几乎是根据“国十五条”细则的套型建筑面积90平方米以下的住房所占比重必须达到开发建设总面积的70%以上这项规定。美景家园70~90平方米的住宅占70%，100~160平方米的住宅占30%，其中小户型的均为两室两厅。主要是分布在2、3、4和6号楼。大户型的主要是分布在1、2、5以及3、4号楼的顶部以跃层的形式出现。根据我们市场调查的结果显示，61%的有购房需求的人所需要的户型为两室两厅，由此可见我们的产品结构与江安县城居民的要求较为符合，这充分体现了我们产品的适应性设计。并且我们在6号楼设计了入户花园，这能充分满足追求高品质小户型生活的现代年轻人的需求。5号楼三室两厅带入户花园以及3、4号楼顶部的跃层都充分满足了追求高品质大气型客户的需求。1、2号楼100平方米三室两厅的住房适合经济型的客户，既满足了他们对生活品质的追求又满足了对居家的需求。

8. 推广策略

目前首要的问题就是提升美景家园品牌的知名度，树立良好的口碑，最终获得较好的美誉度。现在我们项目的知名度甚微，可以说除了我们的联盟商家以外就只有接受我们调查问卷的部分市民对我们的项目有所了解，但也不是很深入，所以在宣传上我们要采取攻略，将使用运动和商业这个主题进行造势。

具体的活动方案如下：

美景家园杯运动赛的活动方案

（一）活动目的

此次活动主要是倡导江安全民健身 ，以活动提升美景家园的知名度，美誉度；挖掘潜在的客户；并通过此次活动宣传本公司提倡运动、健康的形象。

（三）活动时间

活动的报名时间：4 月 25 日 ~5 月 2 日

活动时间的安排：

5 月 8 日（8：30 ~12：00，14：00 ~18：00）

5 月 9 日（8：30 ~12：00，14：00 ~18：00）

（三）活动地点

江安县县政府广场

（四）活动主办单位

江安县旅游文化局

（五）协办单位

宜宾美景置业有限责任公司

江安天健健身俱乐部

（六）参与人员

县政府相关领导

报名参与人员

公司员工

媒体记者

（七）活动内容描述

1. 各项目按照名额限定组织报名。

2. 所有的比赛人员身穿印有本公司标志的服装。

3. 不同项目指定不同的负责人组织协调指定裁判。

4. 由公司指定人员按报名人数购买矿泉水，并安排负责人派送。

5. 本活动配备医护人员，设立医护点。

（八）活动流程安排

4月25日开始报名，并记录报名参与者的详细资料，5月2日截止报名。

（九）活动安排

表11-3

时间	活动内容	人员安排	备注
8：30～12：00（5月8日）	开幕式活动，传统节目表演如秧歌、腰鼓、曲艺、体操、武术等，中间穿插着县领导讲话	传统节目由江安县文艺团体负责；武术、体操由天健健身俱乐部负责	维持现场的工作人员以及裁判，由各项目的负责人报上所需人数，然后由公司统一安排人员
14：00～18：00	家庭赛，如呼啦圈接力、趣味投篮、乒乓接力等	参与相关项目报名的家庭组员	
8：30～12：00（5月9日）	个人赛，如俯卧撑比赛、吹气球比赛等	参与相关项目报名的个体成员	
14：00～18：00	闭幕式活动，拉丁舞、颁奖、歌曲演唱等互动活动	歌手1名，颁奖礼仪人员3名（天健会员）	

（十）活动费用的预算（比赛中使用的体育用品和道具均由江安天健健身俱乐部准备）

表 11－4

项目	单价（元/人）	人数（人）	小计（元）
主持人	300	4（2 人 2 天）	1 200
江安文艺团体	50	40	2 000
天健表演人员	100	10（开幕式）	1 000
拉丁舞	100	4	400
歌手	150	2	300
礼仪人员	100	3	300
现场布置费用	10 000	1	10 000
音响设备租赁	2 000	1	2 000
媒体记者	500	4	2 000
医护人员费用	200	3	600
奖品费用	4 000	5	20 000
领导用餐费	100	40	4000
不可预计费用			5 000
合计			48 800

商家联盟推荐会

（一）活动的目的

此次活动主要是让业主知道我们是从他们的角度在考虑他们将来的生活，帮他们解决将来生活中可能遇到的一些困难，为他们节约开支。通过这次活动将达到树立公司良好口碑的目的，为公司的销售起到促进的作用。

（二）活动的时间

2009 年 6 月 10 日 17：00

（三）活动地点

江安县红源大酒店

（四）参加人员

36 家联盟商家、已经签了合同的准业主、公司人员

（五）活动摘要

1. 以商家推荐为主，中间穿插着歌舞表演和抽奖活动。

2. 选择 2～3 家商家代表上台演说，向我们的业主承诺在他们的专卖店里购买能够享受多大的折扣。

3. 商家与业主进行交流活动。

4. 邀请商家与业主共进晚餐。

（六）活动费用预算

表 11－5

项目	单价（元/人）	人数	小计
歌舞组合	150	3	450
歌曲演唱	150	1	150
奖品：海尔洗衣机	1 200	1	1 200
电磁炉	400	2	800
电饭煲	150	3	450
餐费	50	150	7 500
总计			10 550

四、总结

房地产市场经过十几年的发展，已经进入了一个稳步发展的激烈竞争的时代，在目前的情况下，江安房地产市场是处于

供过于求状态的，同时市场的环境也在不断地变化。美景置业有限公司将通过以上的营销策划方案在江安树立一个良好的品牌形象。主要通过产品策略、渠道策略、价格策略以及销售现场中的促销策略来实现公司的最终目标。

思考与讨论

1. 试对本案例中的营销策划方案进行评价，可以如何改进？
2. 查阅资料，谈谈房地产的营销受到宏观环境怎样的影响？

参考文献

[1] 张永岳，陈伯庚，孙斌艺．房地产经济学 [M]. 北京：高等教育出版社，2005.

[2] 袁野．房地产营销学 [M]. 上海：复旦大学出版社，2005.

[3] 吴健安．市场营销 [M]. 北京：高等教育出版社，2005.

[4] 张晓光．房地产营销的100个细节 [M]. 广州：广东经济出版社，2005.

[5] 李兆允，吴清海．对房地产企业营销策略误区的探讨 [J]. 当代经济，2008 (7).

[6] 胡绍峰，孔庆明．房地产产品营销策略研究 [J]. 中外企业家，2006 (4).

[7] 董飞．对我国房地产企业品牌营销现状及策略的思考 [J]. 品牌战略，2006 (1).

[8] 闫晓莉，吴隽．发展困境中的分时度假营销策略研究 [J]. 学术交流，2008 (4).

[9] 兰万波．房地产营销的"修身"时代 [J]. 封面故事，2008 (5).

[10] 龙怒．房地产企业发展要加强关系营销 [J]. 中国房

地产金融，2006（3）.

[11] 华东晖. 论房地产营销的行为技巧 [J]. 金融教学与研究，2006（3）.

[12] 姜仁. 具有中国特色的房地产草根营销 [J]. 成功营销，2007（8）.

[13] 程春鹏，蒋益民. 宏观调控下欠发达地区中小城市房地产企业营销策略 [J]. 营销策略，2007（2）.

[14] 蔡力都. 关于房地产营销的思考，营销谋略 [J]. 经济论坛，2007（19）.

[15] 徐莹. 房地产业整合营销策略研究 [J]. 北方经济，2006（11）.

[16] 郭玮，叶双林. 房地产企业顾客关系营销策略 [J]. 现代商贸工业，2007（1）.